죽은 철인의 사회

* 본 도서는 **중앙SUNDAY**에 연재된 '스포츠 다큐-죽은 철인의 사회'를
  새롭게 구성하여 엮은 책입니다.

스포츠 다큐
죽은 철인의 사회

정영재 지음

중앙books

저자의 말

나만 들은 이야기,
나만 알고 있긴 아까워…

"새 연재 '스포츠 다큐-죽은 철인의 사회'를 시작한다. 불꽃처럼 살다 간 스포츠 영웅·스타들을 추억하고 재조명하는 다큐멘터리다. 그들의 묘소와 흔적을 찾아보고, 생전에 인연을 맺었던 사람들을 만날 것이다. 고인이 남긴 삶의 자취, 당시 시대상, 우리 사회에 끼친 족적 등을 더듬어보고자 한다."

중앙일보의 주말판 신문인 중앙SUNDAY 2018년 1월 7일자. '죽은 철인의 사회' 첫 연재를 시작하며 쓴 글이다.

나는 취재기자가 아니라 편집전문기자로 신문사 일을 시작했다. 편집기자란 취재기자가 쓴 기사와 사진·그래픽 등 시각 자료를 활용해 지면을 만드는 일을 한다. 기사에 맞깔 나는 제목을 다는 것도 편집기자의 중요한 역할이다.

편집기자로 8년간 일하면서 '한국편집기자상' 등 큰 상도 받았고 과분한 칭찬도 받았다. 그러면서도 '취재 현장을 다니며 기사를 직접 써보고 싶다'는 목마름이 끊이지 않았다. 다행히 중앙일보 스포츠부에서 나를 받아줘 1999년부터 스포츠 기자로 일하게 됐다.

신문사 9년차 기자였지만 현장 취재 경험과 인맥이 없었던 나는 상갓집부터 다니기 시작했다. 스포츠계 원로의 장례식에는 많은 스포츠인들이 모여 고인을 추모하고 기억했다. 나는 그들과 대화하며 다양한 애기를 들었고, 인맥을 쌓아갈 수 있었다. 그러면서 '일세를 풍미했던 스포츠계 전설들의 마지막이 너무 쓸쓸하다'는 느낌을 지울 수 없었다.

    신문에는 '부음 기사'라는 영역이 있다. 오비추어리(Obituary)라 불리는 이 기사는 타계한 유명 인사의 생애와 발자취를 소개한다. 나는 '언젠간 스포츠계 오비추어리 영역을 개척해 보리라'는 마음을 먹고, 자료를 모으고 사람들을 만났다.

    2012년부터 4년간 중앙일보 스포츠부장을 역임한 뒤 나는 '솔로 플레이'에 긴 호흡으로 기사를 쓸 수 있는 스포츠전문기자 타이틀을 얻었다. 그리고 2018년, 중앙SUNDAY에 부정기적으로 '스포츠 다큐-죽은 철인의 사회' 연재를 하게 됐다.

    '죽은 철인의 사회'는 로빈 윌리엄스가 '키팅 선생님'으로 열연했던 영화 「죽은 시인의 사회」(1990)를 패러디한 것이다. '철인'을 쓴 것은 아이언 맨(鐵人·Iron Man)과 와이즈 맨(哲人·Wise Man)이라는 의미를 중첩해, 육체적·정신적으로 강하면서도 지혜롭게 살다 간 분들의 면모를 보여주려는 의도였다.

최동원의 의족, 조오련의 독사 대가리…

    첫 대상자는 '박치기왕 김일'이었다. 그분의 묘소와 기념체육관이 있는 전남 고흥의 거금도로 차를 몰았다. 김일 선생의 수제자인 백종호 김일기념체육관 관장을 만났고 체육관과 전시실도 둘러봤다. "운명하시기 이틀 전에 '백군아, 나 머릿속에 큰 돌멩이가 있는데 그거 좀 빼주라'고 하셨어요. 그게 스승과의 마지막 대화였죠"라고 한 말이 오래 가슴에 남았다. 체육관에서 차로 10분 정도 떨어진 녹동항에서 선생의 사위 박순오 씨와 나눈 대화도 재미있었다. "장인은 은퇴 후 고흥의 수산물을 일본에 수출하는 사업을 했는데 귀가 얇아 큰 재미를 못 봤다. 그렇지만 늘 베푸는 분이어서 고향 분들의 절대적인 추앙을 받고 있다"면서 돌아가신 스포츠 스타들을 기억하는 스토리텔링이 필요하다고 강조했다.

'아시아의 물개' 조오련 편을 쓸 때는 미국에 사는 둘째 아들 성모 씨의 도움이 컸다. 국가대표 수영 선수 출신인 그는 "아버지의 일대기를 책으로 내기 위해 준비하고 있었는데 좋은 기획을 해주셔서 감사하다"며 귀중한 자료들을 보내줬다. 그 속에는 고교 시절 독사 대가리를 깨무는 독기로 유도부 15명을 물리친 이야기 등 흥미 있는 내용들이 가득했다.

'영원한 에이스' 최동원 편을 취재하는 과정에서는 모친 김정자 여사를 두 차례 만났다. 부친 최윤식 씨와 아들의 가슴 저리는 스토리도 알게 됐다. 베트남전에 참전해 다리 하나를 잃은 최 씨는 의족을 착용하고 다녔다. 하루는 지하 커피숍을 내려가다가 미끄러져 넘어지는 바람에 의족이 풀려 계단 아래로 우당탕탕 떨어졌다. 최동원이 뛰어 내려가 기겁을 하는 손님들 사이에 떨어진 의족을 주워 가슴에 품고, 아버지를 업고 올라왔다. 근처 담배 가게에 아버지를 모셔 놓고 백방으로 뛰어다니면서 의족을 수선해 와서 채워드렸다고 한다. 그날 밤 부자(父子)가 각자 방에 들어가 나오지 않았는데, 한참 뒤에 남편이 불러서 갔더니 "내가 자식을 잘못 키우지는 안 했는갑다" 하시더란다.

철인들의 바다에 '풍덩' 빠져봅시다

이 책은 그 동안의 연재 내용을 종목 별로 구분해 다섯 장으로 나눴다. 시간이 흘러 수정이 필요한 부분은 손을 봤지만 큰 틀은 바꾸지 않았다.

1장 '다이아몬드처럼 빛난 철인'에는 야구 최동원·장효조·이영민·장명부·임수혁이 등장한다. 2장 '그라운드와 코트를 누빈 철인'에는 축구 유상철·조진호·김용식·홍덕영·최정민, 농구의 김현준·김영희를 넣었다. 3장 '링 위의 철인'에는 권투 김득구와 김기수, 레슬링 역도산·김일·김원기를 모셨다. 4장 '혼자 싸운 철인'에는 마라톤 손기정·서윤복, 수영 조오련, 당구 이상천, 골프 구옥희를 묶었다. 마지막 5장 '산이 된 철인'은 산악인 고상돈·박영석·고미영·김창호의 장이다.

2023년 추석에 맞춰 보스턴마라톤 우승자 서윤복의 실화를 바탕으로 한 「1947 보스톤」이라는 영화가 개봉했다. 하정우가 손기정 역으로, 임시완이 서윤복 역으로 열연했다. 내 기사('보스턴 영웅 서윤복, 개한테 쫓기고 신발끈 풀려도 세계신')에 나왔던 내용들이 스크린에 재현되는 걸 보며 남모르는 미소를 지었다.

2023년 9월 항저우 아시안게임에서는 남자 수영의 황선우·김우민·지유찬·백인철 등이 무려 6개의 금메달을 따내 박태환 이후 '한국 수영 제2의 전성기'를 열었다. 그 길을 개척한 사람이 1969년 전국체전에서 수영복이 없어 사각팬티를 입고 출전해 2관왕에 오른 조오련이다. 그는 1970년 방콕 아시안게임에서 금메달을 딴 뒤 태극 문양 머리띠와 어머니가 해준 모시 한복 차림으로 시상대에 올랐다.

죽은 철인들의 뒤를 따라가다 보면 개인의 땀과 눈물뿐만 아니라 한국 스포츠 초창기의 애환과 웃픈 스토리를 만나게 된다. 거기에서 우리는 교훈을 얻고, 감동을 받고, 희망을 본다.

자, 이제 철인들이 잠들어 있는 스토리의 바다에 '풍덩' 뛰어들 시간이다. 거기서 무엇을 건져 올릴지는 독자 여러분의 몫이다. 나는 이 시대의 스포츠 스토리텔러로서 여러분을 이 다이빙 포인트까지 안내한 것만으로도 행복하다.

2024년 봄
정영재

목차

1장 다이아몬드처럼 빛난 철인

투혼·헌신·도전… 코피 터져도 던진 '무쇠팔' **최동원**	11
'장효조가 안 치면 볼' 눈 좋고 힘 좋은 톱타자 **장효조**	17
조선의 첫 홈런타자, 올림픽 축구 첫 승 감독까지 **이영민**	23
혹사·도박·마약에 망가진 '너구리' **장명부**	28
'경기장 골든타임' 알리고, 돌아오지 않은 2루 주자 **임수혁**	34

2장 그라운드와 코트를 누빈 철인

"짧았어, 진짜 짧았어…" 최고의 멀티 플레이어 **유상철**	41
체격 작은 선수 불러 보약 챙겨준, 형님 같던 명장 **조진호**	47
평생 연습, 일흔에도 축구 묘기… 한국 축구 아버지 **김용식**	53
스웨덴전 48개 슈팅 막고 멍투성이, 대표팀 1호 골키퍼 **홍덕영**	58
"이 에미나이" 혼내며 차범근 키운 원조 골잡이 **최정민**	64
손 감각 지키려 딸도 왼팔로만 안은 '전자 슈터' **김현준**	70
"이용만 해먹고…" 거인병 몰랐던 '코끼리 센터' **김영희**	75

3장 　링 위의 철인

"벨트 못 따면 죽어서 돌아오겠다" 비운의 복서 **김득구** 　　82
"임자, 자신 있어?" 박통이 밀어준 복싱 첫 세계챔프 **김기수** 　　88
"조선인" 밝힌 뒤 의문사… '미국 악당' 잡는 레슬링 영웅 **역도산** 　　94
임종 전 "내 머릿속 큰 돌멩이 좀 빼줘" 호소한 박치기왕 **김일** 　　100
"가난해도 꿈은 부자" 레슬링도 남 돕기도 챔피언 **김원기** 　　106

4장 　혼자 싸운 철인

일본인 우승자에 축전, 평화·용서 일깨운 마라톤 영웅 **손기정** 　　113
개한테 쫓기고 신발끈 풀려도 세계신, '1947 보스턴' **서윤복** 　　118
독사 깨문 깡, 라면 먹고 도버해협 횡단한 '물개' **조오련** 　　123
작대기 도박을 스포츠로, 당구의 전설 '칙칙폭폭' **이상천** 　　129
감나무 채로 210m… LPGA 한국인 첫 우승 **구옥희** 　　134

5장 　산이 된 철인

'준비된 2번조' 한국인 최초 에베레스트 등정 **고상돈** 　　140
안나푸르나의 별이 된 산악 그랜드슬래머 **박영석** 　　146
한 번 간 곳은 두 번 안 가, 의지의 등반가 **고미영** 　　151
무산소로 신 루트 개척한 '영원한 산꾼' **김창호** 　　157

1장
다이아몬드처럼 빛난 철인

1

투혼·헌신·도전…
코피 터져도 던진 '무쇠팔'
최동원
(1958~2011)

2017년 프로야구 롯데 자이언츠의 홈 개막전이 열린 4월 4일 부산 사직야구장. 한밤중 야구장 광장 서쪽에 있는 '무쇠팔 최동원' 동상을 어루만지는 한 할머니의 흐릿한 사진이 인터넷에 올라왔다. 그는 고(故) 최동원의 어머니 김정자 여사였다.

시속 155km 강속구와 폭포수 커브, '칠 테면 쳐 보라' 식의 정면승부, 안경 속 도도한 눈빛으로 타자를 압도하던 카리스마. 팬들의 '기억' 속 최동원이다. '기록'은 더 무섭다. 1984년 페넌트레이스 27승, 삼성과의 한국시리즈 혼자 4승(1패), 2021년에야 외국인 선수에 의해 깨진 시즌 최다 탈삼진 223개….

그러나 '기회'는 그의 편이 아니었다. 1981년 메이저리그 토론토 블루제이스와 계약을 했지만 나라에서 보내주지 않았고, 선수협의회 주도 인물로 찍혀 1988년 삼성으로 트레이드됐으며, 고향 팀 롯데에서 지도자를 하고 싶다는 소망도 이뤄지지 않았다.

2018년 9월 14일은 최동원이 대장암과 싸우다 53년간 산 세상을 떠난 지 7주기가 되는 날이었다. 7년 전 10월, 부산시 용호동 자택에서 김 여사와 인터뷰를 한 적이 있다. 전화로 다시 뵙고 싶다고 했더니 잠시 망설이다 "사직구장 앞에 있는 최동원기념사업회 사무실에서 보입시더"라고 승낙을 했다.

9월 11일, 최동원의 생전 사진과 기념구, 트로피로 장식된 기념사업회 사무실을 찾았다. 초등학교 교사 출신인 김 여사는 요즘도 어르신들에게 한글을 가르치고, 장애 아동을 보살피는 등 바쁘게 산다.

혼자서 타자 9명 상대… 얼마나 힘들었을까

2017년 4월 그 사진 하나로 '국민 어머니'가 됐는데요.

"그날 날씨가 좀 쌀쌀했어요. 롯데가 5-1로 이기고 있어서 6회 말에 자리를 뜨면서 동상에 들렀지요. 평소에도 물수건 두 개를 갖고 다니면서 동원이 몸도 싹 닦아주고 주위 바닥도 닦고 그랬거든요. 누가 관중석 꼭대기에서 그 장면을 찍었나 봐요."

롯데와는 앙금이 완전히 풀렸습니까.

"앙금 그런 게 어딨습니까. 조금도 서운하다든가 그런 생각 없습니다. 살아서는 못 돌아왔지만 먼 곳으로 떠난 뒤 (동상으로) 돌아왔잖아요."

그래도 아들 생각 하면 아쉽고 안타까운 마음이 있을 텐데요.

"이겼을 때는 그냥 좋기만 했는데, 먼 곳 떠나고 나서 생각해 보니까 너무너무 스트레스를 많이 받았겠다 싶어요. 던지는 사람은 하나인데, 타자 아홉 명을 전부 상대해야 하니까 얼마나 신경을 많이 썼겠노 싶어서 너무 죄스럽더라고요. '동원아 미안하다. 엄마가 너무 아는 게 없어서. 네가 그만큼 고생한 거를 엄마는 몰랐구나. 고맙다. 수고했다' 하고 울면서 사죄를 했어요."

경남고 시절 최동원에게 '회포 좀 풀자'고 달려든 여학생들도 있었다면서요.

"하루는 동원이가 집에 뛰어들어오면서 '어무이, 문 잠그소'라면서 도망가더라고요. 그 뒤로 여학생 세 명이 동원이 책가방을 들고 들어와요. '너거들이 우리 아이 책가방은 와 들고 있노' 했더니 '오빠한테 회포나 풀자면서 책가방을 잡았는데 그냥 달아났어요' 그래요. '회포 푸는 게 뭔데' 했더니 양과자점에서 빵 먹으면서 얘기하는 거랍니다. 좋게 타일러서 돌려보냈지요."

아드님이 선수협 창설에 앞장서는 바람에 불이익을 많이 당했는데요.

"어려운 선수를 돕는 상조회 같은 걸 하자는 거였는데 당시 구단들이 '노조를 한다'면서 방해를 심하게 했지요. 선수협의회가 지금은 당연하게 인정되는 시대지만 무슨 일이든지 처음 시작이 힘들잖아요. 지금은 탄탄하게 자리 잡았으니까 동원이가 굉장히 좋아할 것 같습니다."

선배들의 희생 덕에 프로야구 선수들의 위상이 높아졌지만 음주운전, 폭행, 도박 등 일탈 행위를 하는 일부 선수들이 있다고 하자 김 여사는 "참 안타깝죠"라고 짧게 말했다.

라이벌 선동열(왼쪽)과 함께한 최동원.

투혼·헌신·도전이 '최동원 정신'

최동원기념사업회는 고인을 사랑하고 추모하는 사람들의 자발적인 모임이다. 식당업을 하는 강진수 사무총장은 "형님과는 살아생전 한 번도 뵌 적 없어요. 돌아가시고 난 뒤에 '부산이 낳은 야구 영웅인데 너무나 일찍 외롭게 갔다. 박물관을 만들어 기념하자'는 분위기가 일어났어요. 목돈이 없으니 월 100만 원씩 10년간 내겠다고 기자한테 얘기하는 바람에 빼도 박도 못 하게 됐죠"라며 웃었다.

최동원 동상은 기념사업회 초대 이사장인 권기우 변호사가 사비를 털고, 롯데 자이언츠가 낸 1억 원으로 힘을 받아 2013년 건립됐다. 2016년 시작한 최동원야구교실은 형편이 어려운 아이들을 뽑아 매 주말 무료로 야구를 가르친다.

'한국의 사이영상'으로 불리는 최동원상(상금 2000만 원)은 부산은행이 후원한다. 2014년 양현종(KIA)을 시작으로 유희관(두산)-장원준(두산)-양현종이 받았다. 2018년부터는 외국인 투수도 대상에 포함하여 린드블럼(두산)이 수상했다. 린드블럼은 롯데 시절 별명이 '린동원'이었다. 최동원처럼 묵묵히 많은 이닝을 책임진다는 의미였다.

죽어서 더 사랑받는 최동원의 매력은 무엇일까. 강진수 최동원기념사업회 사무총장은 "프로에서 가장 많은 돈을 받는 선수가 약자인 후배를 위해 앞장섰잖아요. 가장 높은 곳에서 제일 아래를 챙긴 정신을 팬들이 좋아하는 것 같아요"라고 말했다. 강 총장은 "불세출의 야구 영웅이 시대 상황에 막혀 뜻을 더 펴지 못하고 갔다는 게 팬들의 가슴에 남은 것 같아요. 투혼·헌신·도전이 '최동원 정신'이라고 봅니다"고 말했다. 그는 "사직구장 구석에 있는 동상을 광장 정면으로 옮겨 '만남과 기억의 장소'로 만들었으면 좋겠어요"라고 덧붙였다.

김 여사는 "동원이는 제 몸을 아낀 적이 없었어요. 던지고 또 던지고, 코피가 터져도 팀이 원하면 던졌지요. 가고 나서 팬들의 사랑을 더 많이 받게 되니 저는 너무 행복합니다"고 말했다. 프로야구 명예의 전당이 빨리 건립돼서 집에 보관하고 있는 유품이 제자리를 찾아가는 게 마지막 소원이라며, 그걸 위해 열심히 일하고 건강관리도 한다고 어머니는 말했다.

할아버지·아버지·동생들… 3대가 함께 만든 '무쇠팔 최동원'

'무쇠팔 최동원'은 최씨 집안 3대가 만든 명품이었다. 부산시 사하구 괴정동의 집 뒤에는 꽤 큰 텃밭이 있었다. 그곳에 전용 연습장을 만들었다. 할아버지가 자갈치시장에서 텐트 천과 그물망 재료를 사 왔고, 아버지가 천을 잘라 스트라이크 존을 만들었다. 아버지가 "인코너 슈트"

최동원을 키워낸 부친 최윤식 씨(왼쪽).

"아웃코너 커브" 식으로 말하면 최동원은 그곳으로 던져야 했다. 30개 정도 던지면 동생들이 달려가 공을 주운 뒤 빗물받이 홈통에 넣었다. 공은 데구루루 굴러 마운드로 모였다.

부친인 고(故) 최윤식 씨의 정성과 열정은 대단했다. 그는 늘 일본 TV를 보며 변화구 던지는 법을 연구했다. 개인 연습이 끝난 뒤에는 아들의 어깨와 등을 정성껏 마사지했다. 잠자리를 펴 주면서는 어깨가 닿는 쪽 이불이 평평한지, 솜이 뭉친 곳은 없는지도 체크했다.

중학생 시절 최동원을 큰 감나무 위에 올라가게 한 뒤 밑에서 아버지가 지키고 서 있었다. 아들이 힘들어서 중간에서 매미처럼 붙어 있자 아버지는 불호령을 내렸다. "그 정도도 힘들다면 운동하면서 어려우면 언제든 그만두려고 할 것 아니냐." 아들은 죽을힘을 다해 나무 꼭대기까지 올라갔다 내려왔다. 팔과 다리 피부가 벗겨져 시뻘겋게 됐다. 그날 밤 아버지는 빈 방에서 울고 있었다. 김정자 여사는 "애 앞에서는 절대 내색 안 했지만 아버지는 남몰래 많이 울었어요. 동원이도 아버지 말씀이라면 한 번도 어긴 적이 없었어요"라고 말했다.

6·25전쟁 때 다리를 다친 최윤식 씨는 한쪽 다리에 의족을 하고 있었다. 김 여사는 의족에 얽힌 이야기도 들려줬다. "하루는 방송국 녹화를 마치고 동원이가 커피를 좋아하는 아버지를 위해 지하 커피숍으로 안내했어요. 계단을 내려가다가 아버지 발이 미끄러지면서 의족이 풀려버렸어요. 의족이 계단 아래로 우당탕탕 떨어지니까 커피숍 손님들이 기겁을 했대요. 동원이가 급히 뛰어 내려가 의족을 가슴에 품고, 아버지를 업고 올라왔어요. 근처 담뱃가게에 아버지를 모셔 놓고 백방으로 뛰어다니면서 의족을 수선해 와서 채워드렸답니다. 그날 밤 부자(父子)가 각자 방에 들어가 나오지를 않는 겁니다. 한참 뒤에 아버지가 불러서 갔죠. '내가 자식은 잘못 키우지는 안 했는갑다' 하시데요. 아버지 마음, 아들 마음이 느껴져서 가슴이 터질 것만 같았어요."

② '장효조가 안 치면 볼'
눈 좋고 힘 좋은 톱타자
장효조
(1956~2011)

장효조의 별명은 '타격의 달인' '안타 제조기'였다. 그는 대한민국 야구 사상 가장 정확한 타격을 구사한 타자로 꼽힌다. 프로 통산 타율 0.331로, 메이저리그에 진출하는 '바람의 손자' 이정후에 이어 2위에 올라 있다.

장효조는 정확한 타자일뿐더러 엄청난 괴력의 소유자였다. 174cm, 70kg의 다소 왜소해 보이는 체격에도 프로 첫해인 1983년 홈런 3위(18개)에 올랐다. 그해 타격왕(0.369)도 장효조였다.

장효조는 비운의 스타이기도 했다. 삼성 라이온즈에 뼈를 묻고 싶었지만 타의로 부산(롯데 자이언츠)으로 옮겨야 했다. 장효조가 태어난 곳은 부산이다. 초등학교 때 대구로 전학 가 삼덕초-대구중-대구상고(현 상원고)를 거쳤다. 현역 때는 상복이 없었고, 지도자로서도 크게 성공하지 못했다. 속이 상해서 속이 망가졌고, 위암, 간암이 겹쳐 55세의 아까운 나이로 세상을 등졌다. 그의 부음을 접한 야구팬들은 일주일 뒤 또 다른 레전드 최동원을 잃었다. 둘은 1988년 한 달 간격으로 팀을 맞바꾼 사이였다.

140kg 벤치프레스 거뜬히 해내

장효조에 대해 가장 많이 아는 사람이 누구인지 야구인들에게 물었더니 모두 "김한근 전 한양대 감독"이라고 했다. 호타준족 3루수 김한근은 장효조와 대구중-대구상고-한양대 동기이고, 삼성에서도 한솥밥을 먹었다. 김 전 감독에게 장효조가 어떤 선수였는지 물었다. "볼 맞히는 기술만큼은 당대 최고였죠. 한번 배터박스에 서면 100번을 쉬지 않고 타격할

롯데 자이언츠 시절 장효조.

정도로 힘이 좋았어요. 기술, 체력, 근성을 모두 갖춘 선수였죠"라는 답이 돌아왔다. 이어지는 김 전 감독의 증언이다.

"한양대 신입생 때 야구협회에서 대학·실업 우수 선수를 모아 훈련을 시켰어요. 동대문운동장 지하 웨이트장에서 효조가 벤치프레스 역기에 플레이트를 척척 갖다 붙이는데 140kg은 되는 것 같았어요. 거기 딱 눕더니 '끙' 하고 역기를 들어올리고, 한 번 더 든 다음에 역기를 내려놨어요. 옆에 있던 윤동균 형(당시 육군)이 '나도 한번 해볼까' 하면서 도전했는데 딱 하나만 들더라고요. 힘깨나 쓴다던 나도 역기를 잡고 용을 썼는데 꼼짝도 안 해요. 효조는 힘이 장사인 데다 발도 원체 빨랐어요. 대학 1학년 때 100m를 쟀는데 나랑 똑같이 11초 3이 나왔죠."

'장효조가 안 치면 볼이다'는 말이 나올 정도로 장효조는 선구안이 좋았다. 김 전 감독은 이 또한 그의 타고난 힘과 연관 지어 설명했다. "일본의 이치로가 타석 7m 앞까지 볼을 보고 칠지 말지를 결정한다고 하잖아요. 효조도 힘이 좋아 배트를 끌고 나오는 스피드가 워낙 빨랐어요. 남들보다 공을 더 오래 보니 선구안이 좋을 수밖에요. 좀 늦었다 싶으면 3루 쪽으로 볼을 툭 맞혀 보내는데 타구에 힘이 실려 있어서 공이 크게 튀죠. 발 빠른 왼손타자이니 1루에 충분히 세이프가 되는 겁니다. 이런 식으로 한 시즌에 내야안타를 30개 이상 쳤어요."

장효조는 배트를 짧게 잡는 것으로도 유명했다. 여기에도 사연이 있다. 김 전 감독의 말이다. "효조는 1982년 서울 세계야구선수권(일본과의 결승전에서 김재박의 개구리 번트, 한대화의 역전 스리런 홈런이 나왔다)에 출전하느라 우리보다 1년 늦게 프로에 들어왔어요. 그해 삼성이 일본 후쿠야마에 베이스캠프를 쳤는데 초반 연습 경기에서 효조가 안타를 못 치는 겁니다. 자존심이 되게 상했겠죠. 갑자기 배트를 엄청나게 짧게 잡는 겁니다. 원체 배

삼성 라이온즈 시절 장효조.

트 스피드가 빠르고 스윙도 좋은 녀석이 배트까지 짧게 잡으니 공을 못 때릴 수가 없지요. 그만큼 효조는 적응력과 근성이 뛰어났습니다."

장효조는 상복이 없었다. 1983년 수위타자를 하고도 신인왕은 박종훈(OB)에게 넘겨줬다. 27세에 입단한 중고(中古) 신인이라는 이유에서였다. 삼성에서는 한국시리즈 우승도 하지 못했다.

수비도 강한 편이 아니었다. 타구 판단을 잘못해 평범한 플라이를 장타로 만들어 주는 경우가 있었다. 대표적인 게 1984년 롯데와의 한국시

리즈 최종전에서 나온 '한문연 타구 만세 사건'이다. 4-1로 삼성이 앞선 7회 초, 우익수 장효조가 한문연의 뜬공을 처리하러 달려 나왔는데 공이 그의 머리를 넘어가 1타점 3루타가 됐다. 8회 초 4-3에서 유두열의 역전 스리런 홈런이 터졌다.

장효조는 큰 경기나 결정적인 찬스에서 이름값을 못 했다. 1988년 11월, 세상을 놀라게 한 김시진(삼성)-최동원(롯데) 맞트레이드가 이뤄진다. 한 달 뒤 장효조는 롯데 4번 타자 김용철과 유니폼을 바꿔 입는다. 프로야구 사상 가장 충격적인 맞트레이드의 배경을 보면 롯데는 선수협 결성을 주도한 최동원, 김용철과 같이 갈 생각이 없었고, 삼성은 팀 분위기를 쇄신하면서 큰 경기에 강한 선수를 영입하려 했던 것 같다.

수위타자 하고도 신인왕 못 받아

장효조는 롯데에서 1992년 한국시리즈 우승을 맛보지만 이미 전성기는 아니었다. 롯데에는 남두오성(南斗五星)이라 불리던 전준호-이종운-박정태-김민호-김응국이 있었다.

우승 후 미련 없이 유니폼을 벗은 장효조는 롯데 타격코치를 맡았지만 성과는 신통치 않았다. 스타 출신 지도자가 흔히 겪는 '그게 왜 안 돼?' 증후군이 드러났다. 자신의 경험과 능력치 수준으로 가르치니 선수들이 못 따라왔다. 장효조는 후일 "은퇴 후 지도자 공부를 체계적으로 했으면 좋았을 텐데"라고 아쉬움을 토로했다.

그 후 잠깐 삼성 타격코치를 맡았지만 1년 만에 옷을 벗어야 했다. 장효조는 한때 주점을 운영했고, 폭음을 했다. 2005년 삼성 스카우트로 야구계에 복귀할 때 감격해서 엉엉 울었다고 한다. 2011년 7월 23일 잠실야구장에서 열린 프로야구 30주년 레전드 올스타전에 나온 게 팬들을 향한 마지막 인사였다.

김한근 전 감독은 "효조는 재능에 비해 운이 따르지 않았어요. 알려진 것보다 훨씬 소심한 사람이었죠. 지금처럼 고졸 신인으로 프로에 갔다면 프로야구에서 누구도 넘보지 못할 기록을 세웠겠죠"라고 말했다. 솔직히 지금도 그를 넘어선 타자는 없다. 이정후도 더 지켜봐야 한다.

삼성 영구결번 10번은 장효조 아닌 양준혁

롯데 11번 최동원, 해태(현 KIA) 18번 선동열, 삼성 36번 이승엽…. 은퇴 후 등번호가 영구결번된 선수들이다. 프로야구 각 구단이 영구결번으로 지정한 선수는 14명이다.

장효조는 아마추어와 프로야구 삼성 시절 10번을 달고 뛰었다. 삼성의 10번도 영구결번인데 대상이 장효조가 아닌 양준혁이다. 장효조는 삼성에서 6년간 뛴 뒤 롯데로 옮겼다.

당시 롯데에는 4번 타자 '자갈치' 김민호가 10번을 달고 있었다. 장효조는 20번을 받고 4년간 뛰었다. 양준혁은 1993년 삼성에 입단해 15년간 뛰면서 네 차례 수위타자에 올랐다.

야구팬들은 장효조의 10번을 영구결번으로 예우하지 않은 당시 삼성 구단을 원망했다. 구단과 사이가 틀어져 트레이드됐다고는 하나 전설적인 기록을 남긴 선수에 대한 예의가 아니라는 거다.

양준혁도 상당히 부담스러워했던 것 같다. 그는 대구상고 선배인 장효조의 등번호를 물려받았고 영구결번의 영예도 얻었다. 그는 선배의 부음을 접한 뒤 "대구상고 입학 당시 장 감독님의 지도를 받고 타격에 새롭게 눈을 떴다"며 "내가 영구결번이 되는 영광을 누렸지만, 사실 그 번호는 장효조 선배님 것"이라고 말했다.

야구팬들 사이에서는 "늦었지만 지금이라도 10번을 장효조-양준혁 공동 영구결번으로 지정하는 게 맞다"는 주장도 있다. 2011년 10월 25일 한국시리즈 1차전에 장효조 감독의 아들 장의태 씨가 등번호 331번을 달고 시구를 했다. 아버지의 통산 타율 0.331에서 유래한 것이었다. 당시 "10번이 안 된다면 331번을 영구결번 처리해야 한다"는 의견이 나오기도 했다.

조선의 첫 홈런타자, 올림픽 축구 첫 승 감독까지
이영민
(1905~1954)

1928년 6월 8일 경성운동장(지금은 사라진 동대문야구장의 옛 이름). 연희전문(현 연세대)과 경성의전(현 서울대 의대)의 야구 정기전이 열렸다. 1회 말 투아웃, 연희전문의 3번 타자 이영민 선수가 인코스로 들어오는 공을 힘껏 쳐냈다. 공은 370피트(약 113m)를 날아가 담장을 넘어갔다. 조선 야구 사상 첫 공식 홈런이 나오는 순간이었다(이영민이 5월 7, 12일에 홈런을 쳤다는 기록도 있다).

'조선의 홈런왕' 이영민은 숱한 기록과 기행을 남긴 풍운아였다. 그는 1934년 미·일 야구 올스타에 뽑혀 베이브 루스·루 게릭 등 전설적인 스타들과 경기를 치렀다. 야구 선수로서는 1루수를 제외한 모든 포지션을 소화했고, 육상 400m 조선신기록을 세울 정도로 뛰어난 달리기 선수였다. 축구 국가대표 선수·감독이기도 했다. 매년 고교야구 최고 타율 선수에게 주는 '이영민 타격상'으로 기억되는 이영민의 영화 같은 일생을 되짚어 보자.

1925년엔 육상 400m 54초 6 조선신기록

대구 출신인 이영민은 계성학교에서 야구·축구·농구·육상 선수로 활약하다 서울로 올라와 배재고보를 다녔다. 연희전문에 입학한 이영민은 본격적으로 만능 스포츠맨의 위용을 뽐내게 된다. 야구·축구 선수로 활약하면서도 1925년 전조선육상경기대회 200m, 400m, 3개 계주(400m·800m·1600m)에서 우승해 5관왕을 차지했다. 400m에서 기록한 54초 6은 육상계를 깜짝 놀라게 한 조선신기록이었다.

메이저리그의 전설 베이브 루스(왼쪽)와 함께한 이영민.

1929년 식산은행(현 산업은행)에 스카우트된 이영민은 일본인 선수들의 차별과 질시를 뚫고 실력을 드러냈다. 강타자 겸 강속구 투수였던 이영민은 경기 상황에 따라 포수·내야수·외야수로도 뛰었다. 특히 빠른 발과 센스를 앞세운 외야 수비는 일품이었다고 한다. 1932년에는 경성구락부를 흑사자기 조선 예선 우승으로 이끌었고, 도쿄에서 열린 본선에서도 팀을 결승까지 끌어올렸다.

1934년에 미국 메이저리그 올스타팀이 일본을 방문해 일본 올스타와 15차례 경기를 했다. 일본에서 프로야구를 시작하기 위한 붐 조성 차원이었다. 베이브 루스, 루 게릭, 지미 팍스 등 당대 최고의 선수들이 태평양을 건너왔다. 일본 올스타는 세 차례에 걸쳐 선수를 선발했는데, 이영민은 첫 번째 13명 명단에 당당히 이름을 올렸다. 그러나 정작 경기에는 간간이 대주자나 대타로 나섰을 뿐이다. 이영민이 일본인 이름으로 바꾸라는 주최 측 제안을 거부하는 바람에 미운털이 박혔다는 설도 있다.

이영민은 은퇴 후 지도자·심판·행정가로도 왕성한 활동을 했다.

1946년 8·15 해방 1주년 기념 조·미 야구대회도 이영민의 공이 컸다. 당시 미 24군단 잉거프리센 소령은 "만약 조선군이 점수를 낸다면 1점당 볼 10다스를 드리겠다"고 약속했다. 조선 대표팀은 3-5로 졌지만 볼 30다스(1다스=12개)를 받았고, 이를 담보로 은행에서 빌린 돈으로 제1회 전국중등학교야구선수권대회(현 청룡기 고교야구)를 열 수 있었다고 한다.

'축구인 이영민'은 야구 선수 이영민에 가려 잘 부각되지 않았다. 그러나 이영민은 연희전문 부동의 골잡이였고, 경평전(경성-평양 축구 정기전)의 스타이기도 했다. 1930년 제2회 경평전에서 경성팀은 이영민이 골을 넣은 1차전과 3차전을 이겨 종합 전적 2승 1패로 우승했다. 또한 이영민이 이끈 경성축구단은 1935년 천황배(일본 최고 축구팀을 가리는 FA컵)에서 우승했다. 90년 역사의 천황배에서 일본 팀이 아닌 팀이 우승한 건 경성축구단이 처음이자 마지막이었다. 결승에서 도쿄문리대학을 6-1로 대파한 이영민 주장 겸 감독은 "지금의 일본 팀은 기술이 많이 발전했다. 많은 고민을 한 끝에 역습 형태의 공격을 지시했고 선수들이 이를 잘 따라줬다"고 말했다. 세밀한 상대 분석과 맞춤형 전술로 우승한 것이다.

한국 축구대표팀의 실질적인 초대 감독도 이영민이었다. 1948년 런던 올림픽 축구 감독은 박정휘였는데 선수 선발 과정에서 문제가 생겨 전격 경질됐다. 당시 조선야구협회 사찰단 자격으로 런던에 가 있던 이영민이 갑작스럽게 지휘봉을 잡았다. 한국은 멕시코와의 첫 경기에서 5-3으로 승리해 8강 진출을 이뤘다. 스웨덴에는 0-12로 대패했다. 이영민은 한국 축구 올림픽 첫 승 감독으로 대한축구협회 홈페이지에도 등재돼 있다.

이영민은 경성 최고 갑부의 딸이자 이화여전 정구 선수였던 이보패와 결혼했다. 그러나 술과 여자를 워낙 좋아한 이영민은 가정을 소홀히 했다. 당대 최고 여배우·기생들과 어울렸고 첩을 두기도 했다. 결국 첫 부인과는 이혼했다.

이영민의 셋째 아들 이인섭은 그런 아버지를 미워하고 엇나갔다. 이영민은 아들을 안양 소년감화원에 넣었고, 거기서 인섭은 불량소년들과 어울렸다. 1954년 8월 12일 새벽, 인섭은 아버지 집에 있는 금고를 털기로 친구들과 모의하고 망을 봤다. 갑자기 총성이 울렸다. 아버지에게 들킨 친구가 엉겁결에 갖고 있던 권총을 쏴 버린 것이다.

망우리 묘역엔 추모 비석만 덩그러니

이인섭 씨는 6년을 복역한 뒤 출소했다. 그사이 가족은 모두 미국으로 떠났다. 서울 망우리에 있는 묘소도 가족이 옮겨 갔고 유골은 화장했다. 망우묘지공원은 만해 한용운, 소파 방정환, 시인

망우공원묘지에 있는 이영민 추모 비석. [사진 정영재]

박인환 등 근현대사 인물들을 모시고 있다. 이영민의 묘소가 가장 찾기 힘들다. 잡풀이 무성한 그곳에는 대한야구협회가 세운 조그만 비석(李榮敏之墓)만 덩그러니 남아 있다.

소설 『호므랑 이영민』(도모북스)을 쓴 배상국 작가는 말했다. "가정사의 비극 때문에 야구 원로들도 그분 얘기 꺼내는 걸 쉬쉬하는 분위기가 있었다. 하지만 이영민은 손기정, 엄복동처럼 식민지 조선의 아픔을 달래주고 희망과 용기를 준 영웅이었다."

백인천·김일권·최정·김현수… 고교 때 '이영민 타격상' 받아

이영민이 작고한 뒤 대한야구협회는 고인의 공적을 기려 '이영민 타격상'을 제정했다. 전국 고교야구 대회 규정 타석을 채운 선수 중 타율이 가장 높은 선수에게 시상하고 있다.

1958년 1회 수상자는 김동주(경남고)였다. '4할 타자' 백인천(경동고), 전 LG 감독 이광환(중앙고)이 뒤를 이었고, 1973년 수상자 '대도' 김일권(군산상고), 1977년 수상자 이만수(대구상고)가 프로야구 스타로 성장했다.

이후 수상자들은 김건우(1980년·선린상고), 강혁(1991년·신일고)처럼 불의의 부상·사고를 당하거나 프로에서 일찍 시드는 경우가 많았다. '이영민 타격상의 저주'라는 말까지 생겨날 정도였다. 전문가들은 "규정 타석 수(60타석)가 너무 적어 변별력을 갖기 힘들고, 고교 최고 타자도 프로에 와서 성공하기란 하늘의 별 따기"라며 '이영민 타격상=프로 선수로 성공' 등식은 맞지 않는다고 주장한다. 이후 '소년장사' 최정(2004년·유신고), '타격기계' 김현수(2005년·신일고) 등이 나오며 상의 권위가 높아졌다.

2017년 수상자 배지환(경북고)은 메이저리그 피츠버그 구단에 입단했으나 한국에 있을 때 여자 친구를 폭행한 사실이 드러나 귀국 조치돼 경찰 조사를 받았다.

혹사·도박·마약에 망가진 '너구리' 장명부
(1950~2005)

2005년 4월 13일, 일본 와카야마현의 한 도박장에서 50대 중반 남성이 변사체로 발견됐다. 사인은 심장마비로 밝혀졌다. 자신이 운영하던 도박장에서 쓸쓸하게 숨진 이 사람의 이름은 후쿠시 히로아키. 한국 이름은 장명부(張明夫), 한국 프로야구의 유일한 '30승 투수'였다.

장명부는 프로야구 초창기 뉴스메이커였다. 그가 1983년에 세운 시즌 최다승(30승), 최다 등판(60경기), 최다 투구 이닝(427과 1/3이닝)은 앞으로 깨지지 않을, 아니 깨져서는 안 될 기록이다. 이름만 프로였지 실업야구 수준을 벗어나지 못했던 시기, 일본 프로야구와의 현격한 실력 차, 투수 분업이나 투구 수 관리 등이 거의 이뤄지지 않은 점 등이 복합적으로 작용해 만화에나 나올 기록들이 세워졌다. 그가 1985년 기록한 시즌 최다 패전(25패) 또한 지워지기 힘든 기록이다.

고교 선수 이상훈·김상엽 '비밀 과외'

장명부는 프로야구 원년(1982년) 꼴찌 팀인 인천 연고 삼미 슈퍼스타즈에 입단했다. 당시로는 파격적인 4000만 원의 계약금과 연봉 4000만 원을 받는다고 구단이 발표했다. 그는 입단 기자회견에서 "시즌 30승을 하겠다"고 큰소리쳤다. 입단 전에 삼미 야구단 사장이 농담 반 진담 반으로 "자네 정말 30승 할 수 있겠나. 하게 되면 1억 원을 주겠네"라 했고, 장명부는 이 말을 곧이곧대로 믿었다. 장명부는 시즌 100경기 중 60경기에 나와 악착같이 30승(16패 6세이브)을 채웠다. 그러나 사장은 "그런 말 한 적 없다"고 했고, 장명부와 삼미의 사이는 틀어졌다. 혹사 후유증과 구단과의 마찰로 장명부는 1984년 13승 20패, 85년 11승 25패의 성적을 남겼다. 1986년 빙그레로 옮겼으나 1승 18패의 처참한 성적을 내고 시즌 중 퇴출당했다.

장명부는 사생활이 깔끔하지 않았다. 술과 담배를 즐겼고, 도박 빚을 많이 졌다. 마약에도 손을 대는 바람에 결국 일본으로 추방당했다. 장명부를 만나러 가는 시간여행에 박영길, 홍순일 두 분의 원로를 모셨다. 박 선생은 롯데 자이언츠 초대 감독(1982~1983), 삼성 라이온즈 감독(1987~1988)을 역임했고, 삼성 감독 시절 장명부를 코치로 데려왔다. 야구 기자 출신인 홍 선생은 장명부가 한국에 올 때부터 일본으로 돌아가기까지의 과정을 꿰고 있고 그와의 교분도 두터웠다.

재일동포 포수 김무종(왼쪽)과 함께 1983년 프로야구 베스트 10에 뽑힌 장명부.

장명부의 별명은 '너구리'다. 마운드에서 능글능글하게 타자를 요리하는 게 너구리 같다고 해서 붙은 별명이다. 설렁설렁 던지다가도 주자가 많아지면 전력투구해서 타자를 잡아냈다. 박 선생은 "장명부는 타자와의 수싸움이 뛰어났다. 덤비는 선수, 기다리는 선수 등 타자의 패턴을 파악하고 던졌다. 컨트롤도 좋았다. 몸 쪽 스트라이크에서 한 개 정도 빠지는 공을 던지고 포수가 손목을 안쪽으로 꺾으면 (야구 속어로 '컨닝'이라고 한다) 심판들이 스트라이크를 잡아주는 경우가 많았다"고 말했다. 박 선생은 "일본에서 산전수전 다 겪은 장명부는 한국 타자를 갖고 놀았다. 바둑으로 치면 1급이 5급하고 두는 것과 같았다"고 부연했다.

삼미 슈퍼스타즈 시절 장명부.

장명부는 어릴 적 몸이 매우 약했고 집안도 가난했다. 초등학교 4학년 일기장에 '병이 나으면 야구 선수가 돼 성공하고 싶다'고 쓴 것을 본 아버지가 야구 글러브를 사줬다. 돗토리니시고교 에이스였던 장명부는 요미우리 자이언츠에 입단했으나 3년간 18경기 출장, 0승 3패의 초라한 성적을 남겼다. 난카이 호크스를 거쳐 히로시마 카프에서 전성기를 누렸다. 1978년과 1980년에 15승을 달성하고 재팬시리즈 우승(1979, 1980년)에도 기여했다. 그러나 1982년 3승 11패로 부진했고, 구단과의 연봉 협상 중에 뛰쳐나온 뒤 기자들을 모아 은퇴를 선언했다.

홍 선생은 "장명부는 일본에서 오랫동안 차별에 시달렸다. 잘 던지고 있는데도 승리투수 요건을 갖추기 직전에 강판당하기 일쑤였다. 당시 장훈이 한국행을 권했고, 일본 야구에 염증을 느끼고 있던 장명부는 한국에서 파격적인 조건을 제시하자 한국행을 결심했다"고 소개했다.

장명부는 구단 발표와는 달리 실제로는 계약금 8000만 원, 연봉 4000

만 원을 받았다고 한다. 기사가 운전하는 차량, 가족의 일본 왕복 항공권 등도 제공됐다. 당시 강남의 30평 아파트 값이 3000만 원 정도였다.

박 선생은 "장명부가 엄청난 돈을 받게 되자 흥분했던 것 같다. '30승=1억 보너스' 얘기를 들었을 때 문서로 남기거나 녹음을 했어야 했다"고 말했다. 박 선생은 "허리가 좋지 않았던 장명부가 1983년 혹사로 인해 구위가 많이 떨어졌다. 팔이 고무팔이 됐으니 손목으로 아무리 공을 채도 공 끝이 살아나가지 못했다. 변화구 각도도 밋밋해지면서 통타를 당했다"고 설명했다.

장명부가 망가진 또 하나의 원인은 도박이었다. 일본에서는 파친코를 누구나 부담 없이 출입한다. 1974년 일본으로 귀화한 장명부는 한국에서도 카지노에 자유롭게 갈 수 있었다. 그는 도박장에서 큰돈을 날리고 빚도 졌다. 홍 선생은 "1986년 신생팀 빙그레에 입단할 때 2년 치 연봉 1억 5000만 원을 한꺼번에 달라고 했다. 아마 그때도 조폭에게 빚을 져 시달리고 있었던 것 같다"고 말했다.

1986년 빙그레에서 퇴출당한 뒤 장명부는 여기저기 다니며 '야구 과외'를 했다. 당시 서울고에서 그의 지도를 받은 투수 중 하나가 '야생마' 이상훈이었다. 1987년에는 삼성 박영길 감독이 "대구고에 괜찮은 투수가 있으니 와서 좀 봐달라"고 했다. 당시에는 프로가 아마추어를 지도하는 게 금지돼 있었다. 6개월간 밤에 몰래 불러내 타자 상대하는 요령을 가르쳤다. 그 선수가 삼성의 고졸 에이스가 된 '만딩고' 김상엽이다.

장명부의 능력을 인정한 박 감독은 그를 정식 코치로 쓰려고 했다. 하지만 사생활이 문란하다며 극구 반대한 코치가 있었다. 박 감독은 "장명부처럼 야구를 많이 아는 사람이 한국에 누가 있나. 우리는 그의 노하우만 빼먹으면 된다"고 밀어붙였다.

"장명부 통제할 국내 지도자가 없었다"

    그러나 장명부는 끊임없이 문제를 일으켰다. 1987년 3월 일본으로 돌아가려 했으나 소득세 체납(750만 원)이 드러나 공항에서 출국 금지를 당했다. 1991년 필로폰 투약 혐의로 구속돼 징역 10개월, 집행유예 6개월 실형을 받았다. 장명부는 한국 프로야구에서 영구 제명된 뒤 일본으로 추방당했다. 아내도 세 아들을 데리고 그의 곁을 떠났다.
    일본으로 돌아가서도 장명부는 도박장 주위를 맴돌았고, 결국 도박장에서 삶을 마감했다. 그가 숨진 방의 벽에는 '낙엽은 가을바람을 원망하지 않는다'는 일본어 글귀가 써 있었다고 한다.
    박영길 선생은 "그를 통제할 만한 지도자가 국내에 없었다. 따끔하게 혼을 내고 이끌어준 사람이 있었다면 장명부는 선수뿐만 아니라 지도자로서도 한국 야구에 큰 기여를 했을 것"이라고 안타까워했다.
    장명부는 일본에서 차별 당했고 한국에서도 환영받지 못했다. 그는 이런 말을 남겼다. "내 조국은 대한민국도, 일본도 아니다. 나는 조국이 없다."

삼미 시절 동료 임호균 "한국말 서툰 장명부, 국내 선수들과 못 어울려"

삼미 슈퍼스타즈 시절 장명부와 '원투 펀치'로 활약한 선수가 임호균(전 호서대 야구학과 교수)이다. 장명부가 30승을 한 1983년에 임호균도 12승을 올렸다. 임호균의 제구력은 프로야구 역대 베스트에 꼽힐 정도였다.

장명부와의 불화 때문에 임호균이 롯데로 트레이드됐다는 소문이 있지만 정작 본인은 "인천 출신인 내가 장명부 가족이 살 집을 알아봐 줄 정도로 챙겼다"고 말했다.

임 교수는 "장명부는 성격이 모나고 사람들과 잘 어울리지 못한다는 얘기들이 많았다. 워낙 실력 차이가 커 국내 선수들이 콤플렉스를 느낀 부분도 있고, 장명부가 한국어를 거의 못해 의사소통에도 문제가 있었다"고 회상했다.

장명부의 야구 실력에 대해 임 교수는 "베스트로 던지면 구속이 145㎞ 정도 나왔다. 컨트롤도 괜찮았고 무엇보다 일본 프로야구를 경험해 타자와 승부하는 요령이 뛰어났다"고 했다.

요즘은 한 시즌 200이닝 이상만 던져도 '혹사' 얘기가 나온다. 장명부는 83년에 427이닝을 던졌다. 임 교수는 "나도 그해 234이닝 던졌다. 둘이서 거의 마운드를 책임졌다. 당시 계약 관계도 있었고, 투수로서의 욕심도 있었다. 팀이 워낙 약했으니까 오늘 지고 내일 또 선발로 뛴다고 해도 감독이 마다할 이유가 없었다"고 했다.

장명부가 한국 프로야구에서 어떻게 자리매김돼야 할지 묻자 임 교수는 "프로야구 초창기 장명부, 김일융, 백인천 등 일본에서 활약했던 선수들이 수준을 한 단계 높여준 게 사실이다. 비록 말년이 아름답지 않았지만 장명부의 경험과 기술이 한국 프로야구 발전에 기여한 점은 인정해야 할 것"이라고 말했다.

⑤ '경기장 골든타임' 알리고 돌아오지 않은 2루 주자 임수혁

(1969~2010)

 2020년 6월 25일, 프로야구 SK 와이번스의 염경엽 감독이 쓰러졌다. 인천 SK행복드림구장에서 열린 두산과의 더블헤더 1차전, 2회 초 더그아웃에 서 있던 염 감독은 왼쪽으로 스르르 넘어졌다. 인천 길병원으로 이송된 염 감독은 다행히 의식을 회복했다. 그는 9월 첫 주에 팀으로 돌아왔지만 5일 만에 박경완 수석코치에게 지휘권을 넘겼다.
 염 감독이 쓰러지는 모습은 기억에서 사라져가던 20년 전 한 선수를 불러냈다. '돌아오지 않는 2루 주자' 임수혁이다. 한 방이 있는 공격형 포수로 이름을 날리던 임수혁은 2000년 4월 18일 잠실구장에서 열린 롯데와 LG의 경기 도중 2루에 있다가 갑자기 부정맥에 의한 심장마비로 쓰러졌다. 병원으로 이송된 임수혁은 호흡과 맥박을 되찾았지만 사고 직후 뇌에 산소 공급이 중단됨으로써 의식을 찾지 못한 채 오랜 시간을 식물인간으로 병상에서 지냈다. 가족과 동료, 팬들의 정성과 온정으로 9

년 10개월을 버틴 임수혁은 2010년 2월 7일 아침 조용히 눈을 감았다.

박정태 "시즌 뒤 부정맥 수술하기로 했는데"

임수혁을 추억하기 위한 안내자로서 '야생마' 이상훈만 한 적임자가 없었다. 1년 터울인 둘은 강남중-서울고-고려대에서 배터리(투수와 포수)로 호흡을 맞췄고, 친형제 이상의 우애를 나눴다. 은퇴 후 로커로 변신한 이상훈은 2010년 8월 임수혁 추모 공연을 열고 수익금을 고인의 가족에게 전달했다.

임수혁은 어떤 사람이었나요.

"야구 선배라기보다는 동네 형 같은 사람이죠. 형이 병상에 있을 땐 눈으로 대화를 했어요. '형 나 왔어' 그러면 눈을 껌벅거려요. 아버님, 어머님이 '수혁이가 이렇게 얘기한다'고 하면 제가 확인을 하죠. '이 얘기가 맞냐'고 하면 눈동자를 한 번 껌벅입니다. 어떤 때는 눈에서 눈물이 줄줄 흘러내려요. 계속 눈을 뜨고 있어서인지, 어느 순간에 답답함이나 어떤 감정을 느껴서인지는 모르겠어요."

둘의 처음 만남은 언제였나요.

"제가 강남중 1학년 들어갔을 때죠. 저는 리틀야구 출신이라 친구도 없고 학교 야구부 규율이나 문화에 익숙하지 않아 고생을 좀 했어요. 겨울에 목장갑을 끼고 훈련을 하다가 끝날 때 빙 둘러서서 감독님께 거수경례를 하는데 제가 장갑을 안 벗고 경례를 했어요. 그게 당시에는 큰일 날 일이었나 봐요. 다 끝나고 형이 저를 부르더니 '상훈아, 경례할 때는 장갑 벗고 하는 거야'라고 알려줬어요. 순간 마음이 되게 따뜻해지는 거 있죠. 괜히 의지하고 싶고 저 형만 보면 기분이 좋아지더라고요. 형은 가만히 있어도 해피 바이러스를 퍼트리는 사람이었어요."

선수로서 임수혁은 어땠나요.

"엄청난 슈퍼스타는 아니었지만 실력과 인성을 겸비한 선수였고, 늘 주전을 놓치지 않았죠. 포수로서 투수와 야수들을 아우르는 존재감이 있었어요. 땅볼 치고 아웃이 되어 들어와도 진짜 격려 받을 사

롯데 자이언츠 주전 포수로 활약할 당시 임수혁.

람, 홈런 치면 진정으로 환호하고 축하해주고 싶은 사람이었죠. 저도 수혁이 형한테 안타도 많이 맞고 홈런도 맞아봤어요. 마운드에서는 화가 나지만 끝나고는 진심으로 축하해줬죠. 지금 기억나는 건 1995년 플레이오프 1차전 잠실에서 홈런 맞은 겁니다."

도움도 많이 받았다면서요.

"고대 들어가서 방황하고 숙소 이탈하고 할 때 수혁이 형이 절 잡아줬어요. 제 집안 형편이 어렵다는 걸 잘 아니까요. 해외 전지훈련 땐 과자나 운동복 살 돈을 좀 가져가는데 전 돈이 없었어요. 대만 전지훈련 가기 전에 형이 부르더니 '내가 지금 너한테 무슨 말 할 텐데 너 나 때리지 마라' 이러는 거예요. 그러면서 돈 봉투를 주는 겁니다. 제가 자존심 상해서 '씨바, 이거 뭐하는 거요' 이럴까 봐 미리 마음을 써준 거죠. 그 돈 정말 감사히 받아서 잘 썼습니다."

이 대목에서 또 한 명의 증인을 모신다. 사고 당시 롯데 주장이었던 '악바리' 박정태다.

한국클럽야구연맹 이사장을 맡고 있는 그는 "수혁이는 한마디로 분위기 메이커였어요. 그렇게 웃기는 애는 처음 봤어요. 방망이(타격)가 강

했을 뿐만 아니라 포수로서 좋은 자질을 많이 갖고 있었죠. 전성기를 향해 가는 중이었는데…"라며 아쉬워했다.

박 이사장은 당시 상황도 설명했다. "원래 심장이 안 좋고 부정맥이 있어서 시즌 끝나고 수술하기로 했거든요. 유격수 땅볼을 치고 전력 질주해 1루에서 살았

2010년 2월 17일 세상을 떠난 임수혁의 영정사진.

는데, 다음 타자 초구에 히트앤드런 사인이 나서 숨 돌릴 틈도 없이 2루로 질주한 뒤 쓰러진 겁니다. 바로 심폐소생술을 하거나 병원으로 이송해야 했는데 운동장에서 20분 넘게 시간을 보냈어요. 주위 사람들이 한 일이란 게 신발 벗기고 혁대 푸는 것뿐이었죠. 심장이 멈췄으니까 뇌가 급속도로 상했는데 워낙 건강하니까 10년을 버틴 겁니다."

이상훈 위원은 "사고야 그때 상황이 그랬다 치더라도 사고 이후에 롯데와 LG 구단이 보여준 태도에 수혁이 형을 아끼는 사람들의 마음이 많이 상했죠. 물론 처음 당하는 일이라 선례가 없어서 그랬겠지만 가족과 법정까지 갔어야 했는지 지금 생각해도 아쉬워요"라고 말했다.

흔쾌히 '강매'당한 콘서트 손님들

사고 이후 야구계뿐만 아니라 다른 종목의 선수와 팬들도 임수혁 돕기에 적극 나섰다. 그러나 임수혁은 사람들의 기억 속에서 점점 잊혀갔고 엄청난 병원비는 가족의 어깨를 짓눌렀다. 버티다 못한 가족은 2003

년 롯데와 LG 구단을 상대로 8억 원의 민사 조정 신청을 냈다. 법원은 두 구단에 4억 2600만 원을 배상금으로 지급하라는 강제 조정 결정을 내렸지만 LG는 이의 신청을 냈다. 결국 가족과 두 구단은 3억 3000만 원의 보상금에 합의했다.

임수혁 추모 콘서트도 여셨죠.
"제가 할 수 있고 해야 할 일이었죠. 록밴드를 하고 있었으니까요. 홍대 근처 롤링홀이라는 데서 했는데 그쪽에서 대관료도 깎아주셨어요. 주위 분들에게 강매하다시피 했지만 모두들 흔쾌히 강매당해 주셨죠. 400명 가까이 모인 걸로 기억하는데 록 애호가가 아니면 들어본 적도 없는 레퍼토리로 진행했으니 귀 좀 아팠을 겁니다. 하하."

임수혁이 어떤 사람으로 기억되기를 바랍니까.
"형은 우리에게 많은 걸 남기고 떠났고, 우리는 그걸 누리고 있습니다. 그렇지만 저는 그런 쪽에 의미를 부여하기보다는 편하고 호탕하고 진짜 순수했던 야구 선수 임수혁을 마음에 새기며 살고 싶습니다."

임수혁 사고 이후 경기장 구급차 대기, 신영록 목숨 건져

2011년 5월 8일, 프로축구 제주 유나이티드 소속 공격수인 신영록(당시 24세)은 제주와 대구의 경기 도중 부정맥에 의한 심장마비로 의식을 잃었다. 임수혁이 쓰러질 때와 똑같은 증세였다.

선수들은 재빨리 기도를 확보하고 의료진을 불렀다. 구단 의료 스태프는 즉각 심폐소생술을 실시해 호흡을 회복시켰다. 경기장에 배치된 구급차는 7분 만에 신영록을 제주한라병원으로 옮겼다. 전기충격 치료로 심장 박동이 되살아났다. 심장마비로 뇌 혈액 순환이 일시적으로 멈췄지만 그로 인한 뇌 손상을 최대한 줄일 수 있었다. 신영록은 50일 뒤 휠체어에 탄 채 취재진에 손을 흔들며 퇴원했다.

신영록을 살린 것은 임수혁일지도 모른다. 임수혁의 사고 당시 현장에 있던 이들은 응급처치를 하지 못한 채 구급차만 기다렸고 결국 골든타임을 놓치고 말았다. 누군가 심폐소생술만 했다면 살릴 수 있었다는 게 의료계의 진단이다. 임수혁 이후 스포츠 경기장에는 심장자동충격기와 산소호흡기를 구비한 구급차가 대기하도록 법령이 강화됐다.

현장 의료진은 심폐소생술 자격증을 갖춰야 한다는 규정도 생겼다. 요즘도 예비군이나 민방위 훈련장의 응급처치 교육에서 임수혁의 사례와 당시 영상이 재생된다고 한다.

2장

그라운드와
코트를 누빈 철인

6

"짧았어, 진짜 짧았어…"
최고의 멀티 플레이어
유상철
(1971~2021)

　유상철의 부음을 접한 다음 날인 2021년 6월 8일 저녁, 서울 아산병원을 찾았다. 2002 한·일 월드컵 4강 전사들이 검은 정장을 입고 도열해 있었다. 홍명보, 황선홍, 안정환, 최용수, 김병지….

　그들은 정몽준 전 대한축구협회장을 기다리고 있었다. 2002년 정몽준이 지휘하는 특전단 단원이었던 그들은 한마음으로 뜨거운 여름을 만들어냈다. 아산병원 이사장이기도 한 정 회장은 유상철이 입원한 뒤 "우리 병원의 모든 역량을 총동원해 상철이를 살려내라"고 했다 한다. 정 이사장뿐이었으랴. 모두가 기적을 기도했다.

　떠난 뒤에야 나는 그가 얼마나 따뜻하고 멋진 남자인지 알게 되었다. 다큐멘터리 「유비컨티뉴」가 '사람 유상철'을 보게 해 주었다. 유비는 유상철의 별명이고, 컨티뉴(continue)는 계속된다는 뜻이니 제목의 함의는 알 터이다.

GK 뺀 전 포지션서 K리그 베스트 11

　10~25분짜리 12부작 다큐멘터리는 유상철이 췌장암 4기임을 공개한 2019년 10월 시작한다. 11월 24일 빗속에서 인천 유나이티드의 감독으로 홈 첫 승을 이끈 경기, 4년간 뛰었던 일본 프로축구 J리그 요코하마 마리노스 초청으로 이천수와 함께 간 요코하마 여행, 「날아라 슛돌이」에서 스승과 제자로 인연을 맺은 이강인과의 재회 등이 담겨 있다.

　2020년 2월 23일. J리그 개막전. 요코하마 서포터들은 한글로 쓴 '할 수 있다 유상철형' 플래카드를 내걸었다. 곳곳에 태극기가 보였고, 마리노스 시절 유니폼을 입고 온 사람도 많았다. 그들은 킥오프 전에 "유상철"을 소리 높여 외쳤다.

　요코하마 시내에서 팬 미팅도 열렸다. 서포터들이 직접 준비한 정갈한 뷔페 음식이 차려졌다.

　28년째 마리노스 팬이라는 남성이 말했다. "제 마음속에 남아 있는 2개의 골 중 하나가 2003년 10월 26일 J리그 경기 추가시간 동점골입니다. 유상철 선수가 등번호 2번을 달고 사이드백으로 출전해 넣었죠. 그 장면 보면서 울었어요. 어떻게 그런 진심 어린 골이 나왔는지…."

　유상철이 화답했다. "저는 늘 자신보다 소속팀과 선수들에 대한 생각이 더 큽니다. 정말 중요한 경기라 지고 싶지 않았고요. 그 진정성이 전달돼 감동이 더

2002 한·일 월드컵 폴란드전에서 쐐기골을 터뜨린 유상철.

컸던 것 같습니다."

남자 한 명이 또 일어섰다. "저도 암에 걸렸어요. 형님 고통을 알 수 있을 것 같아요. (직장에) 일이 있었는데 거짓말하고 왔습니다." 장내에 웃음이 터졌다.

유상철이 뛸 당시 마리노스 구단 부사장이 말했다. "어깨가 탈구됐는데도 스로인 던지는 걸 봤어. 상철은 절대 병으로 쓰러지지 않아."

유상철은 "여러분들의 좋은 기운 받아서 돌아갑니다. 반드시 완쾌해서 요코하마 마리노스 감독을 하고 싶습니다"고 약속했다.

유상철은 한국 축구 '원조 멀티 플레이어'였다. 최후방 수비부터 최전방 스트라이커까지 골키퍼 빼고는 안 맡아본 포지션이 없었다. 역대 국가대표팀 감독들은 믿었던 선수가 문제가 생기면 늘 유상철을 찾아 '땜빵'을 맡겼다.

유상철은 서울 경신중-고, 건국대를 졸업하고 K리그에서는 울산 현대에서만 뛰었다. 184cm, 78kg의 당당한 체격에 상대보다 머리 하나는 더 떠서 헤딩을 할 정도의 탄력과 강력한 슈팅 능력을 가졌다. 위치 선정이 뛰어났고 투지와 승부욕이 남달랐다. 2001년 멕시코와의 경기에서는 코뼈가 부러지고도 헤딩 결승골을 터뜨렸다. 1998 프랑스 월드컵 벨기에전 동점골, 2002 월드컵 폴란드전 쐐기골을 포함해 A매치 124경기에서 18골을 넣었다.

수비수·미드필더·공격수 포지션으로 K리그 베스트 11에 오른 유일한 선수가 유상철이다. 1998년에는 득점왕도 차지했다. 요코하마 마리노스에서는 1999~2000, 2003~2004 시즌을 뛰었으며 2003, 2004년 요코하마의 J리그 2연속 우승에 기여했다.

2006년 무릎 부상으로 은퇴한 유상철은 축구계를 떠나 사업을 하려고 했다. 그런데 친구로부터 "네가 배우고 경험한 걸 전수해 주지 않으면 이기적이고 죄 짓는 거다"는 말을 듣고 지도자로 방향을 틀었다. 2007년 KBS「날아라 슛돌이」에서 만난 선수가 일곱 살 축구 천재 이강인이었다. 이강인은 스페인에 조기 유학해 1부 리그 명문 발렌시아에 입단했고, 국가대표로까지 성장했다.

"완쾌해 감독 맡겠다" 약속 못 지켜

유상철은 춘천기계공고와 울산대 등 아마추어 지도자를 경험했고, 프로에서는 대전 시티즌, 전남 드래곤즈, 인천 유나이티드를 지휘했다. 공교롭게도 세 팀 모

2019년 11월 30일, K리그 1부 잔류를 확정한 인천 유나이티드 유상철 감독.

두 그가 맡았을 당시 2부 리그 강등을 걱정해야 할 정도로 팀 형편이 어렵고 분위기가 어수선했다. 유상철은 온갖 비난과 어려움을 묵묵히 감내하며 선수들에게만 온 정성을 쏟았다. 한 번도 선수들을 혼내거나 체벌하지 않았다. 혼자 받아낸 스트레스가 결국 암을 키웠을 거라는 게 주위의 말이다.

「유비컨티뉴」에는 2019년 겨울 경기도 용인의 한 캠핑장에서 유상철과 이강인이 재회하는 장면이 나온다. 유상철은 직접 고기를 구워주며 얘기한다.

"강인이는 남들에게 없는 많은 걸 갖고 있어. 그것에 감사하고 더 개

발해야 해. 인기와 실력이 올라갈수록 따라오는 건 주위의 시기와 질투야. 자기중심을 갖고 지혜롭게 대처해야 한다."

얼굴이 발그레하게 상기된 제자가 말했다. "빨리 완치하셔서 다시 제 감독님이 돼 주셨으면 좋겠어요."

유상철은 요코하마 마리노스 감독이 되겠다는 약속도, 이강인의 감독이 되겠다는 약속도 지키지 못했다. 요코하마 여행에서 돌아왔을 때 유상철이 한 말이 아직도 가슴을 울린다. 인생 소풍을 먼저 마친 그가 우리에게 속삭이는 것 같다.

"짧았어, 진짜 짧았어. 더 오래 있고 싶더라. 뭐 하나도 놓치고 싶지 않았어."

"스포츠 스타 일대기 다큐 사랑 받았으면"

다큐멘터리 「유비컨티뉴」는 2021년 초 유튜브와 네이버를 통해 공개됐다. 초반에는 조회 수가 많지 않았다. 유상철이 세상을 떠난 뒤 '역주행'을 시작해 점점 조회 수가 올라가고 있다.

「유비컨티뉴」 제작에 깊숙이 관여한 A씨를 전화로 만났다. 스포츠 관련 비즈니스를 하며 2002 멤버들과 친하다는 그는 "상철이가 췌장암에 걸렸다는 소식을 듣고 상철이를 위해 뭐라도 하나 만들어야겠다는 생각을 했다. 원래 제목은 '유상철의 마지막 약속'이었고, 상철이를 보낸 뒤에 오픈하려고 했다. 협찬사의 요청으로 올해 초 공개했는데 당시는 상철이가 호전됐다는 뉴스가 나와서인지 조회 수가 많지 않았다"고 설명했다.

A씨의 회상이다. "다큐를 찍는 내내 애틋했다. 상철이는 '완치된다는 보장만 있으면 어떤 치료도 받겠는데 그게 아니니 힘이 빠진다. 가끔'이라고 털어놨다. 영상 속에 간접광고 등을 넣을 수도 있었지만 상업적 요소는 일절 배제했다. 이 영상은 상철이를 기억하는 사람들이 오래오래 보고 또 봐야 하기 때문이다."

그는 "스포츠 스타의 일대기를 기록한 다큐멘터리가 독자적인 영역으로 인정받고 많은 사람들의 사랑을 받았으면 좋겠다"는 소망을 전했다.

⑦ 체격 작은 선수 불러
보약 챙겨준, 형님 같던 명장
조진호
(1973~2017)

'그와 함께했던 순간은 빈 페이지가 됐다. 그와 함께했을 때 항상 웃었던 기억이 난다. 그가 떠났다는 소식에 슬프다. 조진호 감독은 신이 내게 보내준 친구이자 아빠였고 동료였다.' (브라질 출신 K리그 공격수 아드리아노)

프로 스포츠 감독이 받는 '벤치 스트레스'는 일반인의 상상을 초월한다. 전북 현대를 14년간 맡았던 최강희 감독은 "골을 먹으면 망치로 뇌를 얻어맞는 기분"이라고 했다.

2017년 10월 10일을 지금도 기억한다. 당시 용인축구센터 김호 총감독과 인터뷰를 하고 점심을 먹는 자리였다. 전화를 받고 온 김 감독이 넋이 나간 표정으로 말했다. "조진호가 죽었다 카네요. 무슨 이런 일이 다 있노." 김 감독은 1994년 미국 월드컵 대표팀을 맡았고 조진호는 감독이 아끼는 공격수였다.

프로축구 부산 아이파크의 조진호 감독(당시 44세)은 이날 오전 숙소에서 훈련장으로 나오다 쓰러졌고, 급히 병원으로 옮겼으나 이내 숨졌다. 급성 심장마비였다.

K리그 챌린지(2부 리그) 2위에 올라 있던 부산 아이파크는 시즌 막판 치열한 선두 다툼을 벌인 경남 FC(1위)와 10월 8일 창원에서 맞대결을 했다. 부산은 0-2로 졌고, 리그 1위에게 주어지는 K리그 클래식(1부 리그) 자동 승격 기회가 무산됐다. 2위가 되면 클래식 11위 팀과 승강 플레이오프(PO)를 치러야 했다.

모든 부담·스트레스 혼자 안고 가

경남과의 경기 이틀 뒤 조 감독은 쓰러졌다. 축구인들은 "피 말리는 승격 전쟁을 치르며 받은 스트레스가 조 감독의 죽음을 초래했다. 한국 축구가 정말 좋은 지도자를 잃었다"고 슬퍼했다. 부산은 이승엽 감독대행 체제로 승강 PO에서 선전했지만 상주 상무에 승부차기로 져 승격의 꿈을 접어야 했다.

2018년에도 부산은 승강 PO에 진출했으나 FC 서울에 져 또다시 눈물을 흘렸다. 2019년 세 번째 맞은 승강 PO. 상대는 공교롭게도 2년 전 아픔을 줬던 경남이었다. 홈 1차전에서 0-0으로 비긴 부산은 창원 원정에서 후반 막판 두 골을 넣어 2-0으로 이겼다. 종료 휘슬이 울리는 순간 창원축구센

부산 아이파크 축구단이 만든 조진호 감독 추모 플래카드.

터는 부산 선수단과 팬들의 함성과 눈물로 뒤덮였다.

2015년 강등된 이후 5년 만에 1부로 올라온 2020년, 부산 아이파크는 코로나19로 미뤄진 시즌 오픈을 준비하고 있었다. 부산에서 조덕제 감독과 주요 선수들을 만났다. 조진호 감독의 땀과 열정이 서린 강서체육공원 내 부산 아이파크 클럽하우스에서였다.

축구대표팀 미드필더 김진규에게 팀의 승격은 남다른 감격으로 다가왔다. 부산 아이파크 유소년 클럽 출신인 김진규는 입단 첫해 2부 강등의 아픔을 맛봤다. 승격 순간의 느낌을 묻자 그는 "축구 인생에서 가장 좋았던 시간이었죠. 후반 32분 호물로가 페널티킥을 넣는 순간부터 경기 끝날 때까지 계속 울면서 뛰었어요. 오래 묵혔던 한이 풀리는 느낌과 감독님에 대한 그리움이 솟아나와 감정을 주체할 수 없었어요"라고 회상했다.

조진호 감독은 어떤 사람이었는지 물었다. 김진규는 "시원시원하고 장난기가 많은 분이셨어요. 선수가 잘못된 부분이 있으면 호랑이처럼 야단쳐 바로잡아 주시지만 보이지 않게 선수들에게 마음을 써주셨죠"라고 했다. 그는 "훈련 때 서로 안 다치도록 하라고 하셔 놓고는 저를 따로 불러서 '너는 형들 걷어차도 되니까 강하고 다부지게 해라'고 말씀하셨어요"라고 소개했다.

국가대표 오른쪽 수비수 김문환에게 조진호 감독은 남다른 존재다. 그는 "제가 입단 첫해부터 주전으로 뛸 수 있도록 기회를 주셨어요. 몸이 힘들 때 감독님이 방으로 불러 당신이 드시던 보약을 챙겨 주시면서 '나도 너처럼 체격이 작고 왜소했는데 국가대표까지 했다. 너도 열심히 하면 국가대표 될 수 있다'고 격려해 주신 게 엄청난 동기부여가 됐어요"라고 말했다. 김문환은 "경기 직전에 늘 하프라인에서 감독님께 '저 열심히 뛸게요. 지켜봐 주세요'라고 기도를 합니다. 감독님이 그토록 원하시던 승격을 했으니 다시는 강등당하지 않고 더 좋은 팀으로 거듭나기 위해 더 열심히 하겠습니다"고 각오를 밝혔다.

남북 단일팀을 경험한 조진호 감독(축구)과 현정화 감독(탁구)의 2017년 인터뷰 장면.

조진호 감독은 대구 대륜고 시절 '축구 천재'로 일찌감치 이름을 날렸다. 고인과 절친했던 최용수 전 FC 서울 감독은 "청소년 시절 진호는 우리가 쳐다보지도 못할 정도로 압도적인 선수였다"고 회고했다. 1991년 포르투갈 세계청소년대회에는 남북 단일팀이 출전했다. '공격은 북, 수비는 남'으로 선발진에 대한 묵계가 있었지만 조진호만큼은 공격진에서 4경기 모두 뛰었고 1골을 넣으며 '8강 신화'의 선봉장이 됐다.

경희대를 졸업하고 포항 스틸러스에 입단한 조진호는 부천-성남 등을 거치며 7시즌 동안 119경기에 출전해 15득점, 8도움을 올렸다. 잇단 부상이 그의 발목을 잡았고, 결국 무릎 부상으로 서른에 조기 은퇴했다.

지도자로서 조진호는 남다른 성실성과 과감한 전술로 돋보였다. 2014년 대전 시티즌을 2부 리그 우승과 1부 승격으로 이끌었고, '악동' 아드리아노를 조련해 득점왕(27골)으로 키웠다. 2016년에는 군 팀 상주 상무를 K리그1 상위 스플릿(6강)에 올려놨다. 조 감독은 "절대 뒤로 물러서거나 내려서지 마라. 모든 플레이를 대담하게, 동료와 함께 하라"고 강조했다. 그는 형님 리더십으로 선수들의 마음을 쥐었다 폈다 하는 '멘털 고수'였다. 포지션을 수시로 바꿔서도 역할을 할 수 있도록 선수들을 훈련시켰고, 경기 도중 갑작스러운 작전 변화로 상대를 혼란에 빠뜨렸다. 골을 넣으면 벤치에서 펄쩍펄쩍 뛰거나 소리를 지르는 등 다소 과격한 표현을 함으로써 선수들의 기를 살릴 줄도 알았다. 그는 감독실 출입문에 '이기고 나서 안 지려고 답 찾는 게 진짜 배움이다. 지고 나서 하는 것은 후회밖에 없더라'는 문구를 붙여놓고 오가며 되새김질했다.

더 이상 비극 없게 정신건강 살펴야

수석코치로서 조 감독을 보좌했던 이승엽 대구예술대 감독은 "형님(조 감독)이 예전에 심장이 안 좋아 치료를 받았다는 사실을 장례 치르고 난 뒤에야 알았어요. 워낙 밝고 열정적이어서 전혀 눈치를 못 챘죠. 만약 알았다면 약도 챙겨드리고 했을 텐데…. 승부에 강하고 책임감이 남달라서 모든 부담감과 스트레스를 혼자 안고 가셨던 것 같아요"라고 회상했다.

부산은 이승엽 감독대행 체제로 2017년 12경기를 치러 8할의 높은 승률을 올렸다. 이 대행이 조 감독의 속옷을 입고 경기에 나갔다는 일화도 전해진다. "장례 치르고 감독님 방에서 짐을 정리하다가 팬티 한 장을 발견했어요. 그걸 빨아서 경기 때마다 입었죠."

조진호 감독 후임으로 부산을 맡은 조덕제 감독도 '승격 청부업자'다. 그는 2015년 수원 FC를 K리그1로 승격시켰다. 지난해 부산으로 옮긴 그는 "2년 연속 '리그 2위, 승강 PO 실패'라는 시나리오를 겪은 선수들이 지난해 막판 또 리그 2위가 되니까 '또 이렇게 되나. 이번에도 못 올라가는 건 아닌가' 하는 불안감에 사로잡혔어요. 나는 수원 FC 승격 경험이 있었으니까 주축 선수들에게 개인적으로 동기부여를 해준 게 좋은 결과로 이어진 것 같아요"라고 말했다. "나는 어떤 일이든 구단 수뇌

부나 코칭스태프와 상의하는 스타일인데 조진호 감독은 혼자서 삭이는 바람에 병을 키운 게 아닌가 싶어요"라고 조 감독은 짚었다. 그는 "스포츠 지도자든 직장인이든 스트레스는 받게 돼 있는데 그걸 최소화할 수 있도록 자신만의 즐거움이나 오락거리, 취미를 갖는 게 중요한 것 같습니다"고 덧붙였다.

한국프로축구연맹은 2018년부터 선수뿐만 아니라 감독·코치들까지 건강검진을 의무화했다. 바늘 끝 같은 긴장과 스트레스에 시달리는 지도자들이 정기적인 정신과 상담과 심리치료까지 받을 수 있으면 좋겠다. 1999년 신윤기 전 부산 대우 감독, 2016년 이광종 올림픽대표팀 감독이 한창 나이에 우리 곁을 떠났다. 유능한 지도자들을 너무 일찍 보내는 건 슬픈 일이다.

평생 연습, 일흔에도 축구 묘기…
한국 축구 아버지
김용식
(1910~1985)

　김용식은 한국 축구의 아버지다. 그는 대한민국 현대사의 한복판에서 수많은 '최초' 기록을 세우며 한국 축구의 길을 낸 선구자다. 그는 1936년 베를린 올림픽에서 일장기를 달고 출전해 3경기를 뛰었고, 태극기를 달고 1948년 런던 올림픽에도 출전했다. 김용식은 2005년 한국 축구 명예의 전당에 헌액됐고, 2016년에는 일본 축구의 전당에도 올랐다.
　김용식은 황해도 신천에서 목사의 아들로 태어났다. 부친 김익두 목사는 유명한 깡패에서 회심해 성직자가 된 초기 개신교계 큰 별이었다. 신사참배 거부로 모진 고문을 당했고, 한국전쟁 때 인민군의 총에 맞아 순교했다.
　소년 김용식도 싸움을 잘했고, 강인한 승부욕과 집념의 소유자였다. 축구 선수로 대성하겠다는 결심을 한 18세부터 술과 담배, 여자를 가까이 하지 않겠다고 자신에게 다짐했으며 그 약속을 눈 감을 때까지 지켰다.

'축구 천재' 김영근과는 중학 시절 한집에서 살며 경쟁 속에 우애와 실력을 쌓았다. 1대1 시합을 붙으면 해가 져서 공이 안 보일 때까지 했고, 페널티킥은 크로스바 위에 사발을 올려놓고 그걸 맞히는 방식으로 했다. 그만큼 기술 향상에 노력했다.

크로스바 위에 사발 놓고 페널티킥 연습

베를린 올림픽을 앞두고 일본축구협회는 조선 선수로는 김영근과 김용식만 대표팀에 뽑았다. 조선 선수들의 기량이 훨씬 뛰어났으나 선발 기준을 바꿔가면서 대놓고 차별을 했다. 격분한 여운형 조선축구협회장은 두 선수에게 올림픽에 참가하지 말 것을 종용했다.

김영근은 조선 선수를 미워하고 구식 축구를 고집하는 일본인 코치를 목욕탕에서 물바가지로 두들겨 팬 뒤 팀을 나와 버린다. 홀로 남은 김용식은 고민 끝에 베를린행을 결심한다. '선진 축구를 배워 와 후진 양성에 앞장서겠다'는 게 그의 각오였다. 실제로 올림픽 출전은 선수로서 뿐만 아니라 지도자로서 안목을 키울 수 있는 좋은 기회였다.

김영근에게 맞았던 일본인 코치는 김용식도 괴롭혔다. 베를린에 도착한 뒤 독일 팀들과의 연습 경기에 한 번도 기용하지 않았다. 참다못한 김용식은 그를 찾아가 "왜 민족차별을 하느냐. 계속 이런 식이라면 당장 귀국할 테니 기차표를 내놓으라"고 따졌

김용식 선생이 생전에 쓴 '축구선수가 되는 요소' 메모.
[사진 이재형 축구자료 수집가]

다. 기세에 눌린 코치는 김용식을 주전으로 기용하겠다고 약속했다. 스웨덴전에서 일본은 전반 두 골을 내줬으나 후반 두 골을 따라붙었고, 김용식이 20m 드리블 돌파 후 찔러준 패스가 골로 연결돼 3-2 역전승을 거뒀다.

김용식은 빙상 선수로 올림픽에 출전할 뻔했다. 열두 살 때 형의 스케이트를 물려받아 빙판을 누빈 그는 1935년 전조선빙상대회 3관왕에 올랐고, 중국 봉천에서 열린 전만주빙상대회에서도 2종목 우승을 차지했다. 올림픽 대표 선발전에 출전하러 일본에 가서는 대회 사흘을 앞두고 너무 많은 훈련을 해 다리가 뭉치는 바람에 탈락했다.

여러 학교를 옮겨 다닌 김용식은 보성전문학교(고려대 전신)를 졸업했다. 선교사에게서 배운 영어 실력은 그가 후일 국제축구연맹(FIFA) 등의 국제회의에 한국 대표로 참가할 수 있게 해주었고, FIFA 국제심판 자격증을 따는 데도 큰 도움을 줬다.

보성전문 다닐 때 에피소드가 있다. 전일본축구선수권 준결승에서 와세다대학을 만나 연장까지 승부가 나지 않아 추첨을 하게 됐다. 와세다 주장이 먼저 봉투를 열더니 안색이 하얗게 변했다. 승리를 확신한 보전 주장 김용식이 봉투를 열었더니 웬걸 '패(敗)' 자가 쓰인 종이가 나왔다. 김용식이 어리둥절해 있는 사이에 주심은 재빨리 와세다의 승리를 선언했다. 나중에야 봉투 두 장에 모두 '패'를 써 넣은 주최 측의 조작임을 알게 됐다.

1948년 런던 올림픽에 김용식은 코치 겸 선수로 출전했다. '대한민국' 국호를 달고 출전한 올림픽 무대에서 멕시코에 첫 승리(5-3)를 거뒀으나 스웨덴에 0-12로 참패했다. 선수 선발 과정의 내분으로 팀이 갈가리 찢어졌기 때문이다.

빙상 선수로 올림픽 출전 도전도

김용식은 1951년 한국 최초로 FIFA 국제심판 자격을 획득했고, 42세이던 1952년 은퇴했다. 축구 선수는 40세 이상 현역 생활을 해야 한다며 공다루는 연습을 하루도 빠짐없이 1만 일 하겠다는 자신과의 약속을 지켰다. 일흔을 넘겨서도 대중 앞에서 공 다루는 묘기를 보여줄 정도였다.

김용식은 1954년 스위스 월드컵에 감독으로 참가했다. 한국전쟁 종전 직후라 모든 게 궁핍했던 시절, 월드컵에 첫 출전한 대표선수들은 미군 군용기에 대롱대롱 매달리다시피 해 첫 경기 이틀 전 밤에야 현지에 도착했다.

세계 최강 헝가리에 0-9로 참패한 뒤 김용식 감독은 터키(현 튀르키예)와의 2차전에 2진 선수들을 대거 기용했다. 평소 1진과 2진을 엄격히 구분해 운영한 김 감독의 용병이라고는 믿어지지 않는 선수 구성이었다. 덕분에 20명 중 두 명만 빼고 모두 월드컵 무대를 밟을 수 있었다. 터키에 0-7로 졌지만 김 감독은 자신이 베를린과 런던 올림픽에서 경험한 '세계 정상 축구'를 선수들이 직접 느껴보기를 바랐다.

당시 대한민국 선수단은 월드컵 입장 수입의 일부를 출전국에 분배한다는 사실조차 몰랐다. 스위스 월드컵 조직위는 터키와의 경기가 끝난 뒤 한국 선수단 숙소로 '경기 배당금 8400달러를 받아가라'고 통보했으나, 선수단은 이미 스위스를 떠난 뒤였다.

1960년 서울에서 열린 제2회 아시안컵 우승 감독도 김용식이었다. 그 이후 한국은 아시안컵에서 60년이 넘도록 우승컵을 가져오지 못했다.

1973년 11월 물구나무 서서 묘기를 보여주는 김용식 선생. [사진 이재형 축구자료 수집가]

1980년에는 국내 1호 프로 팀인 할렐루야 감독으로 부임했다.

김용식의 묘소는 경기도 포천의 광릉추모공원에 있다. 자녀들이 모두 미국에 살고 있어 찾는 이가 거의 없고 관리도 제대로 안 되고 있다. 축구 자료 수집가 이재형 씨는 "월드컵 10회 연속 진출에 빛나는 한국 축구의 여명기를 개척한 김용식이 남긴 자료를 잘 보존하고 그의 정신을 기릴 공간이 생겼으면 좋겠다"고 말했다.

김용식의 묘비에 새겨진 추모 글귀다. '한 사람이 진실로 최선을 다한다면 얼마나 높은 경지에 오를 수 있는가를 당신은 몸소 뚜렷이 보여주었습니다.'

스웨덴전 48개 슈팅 막고 멍투성이, 대표팀 1호 골키퍼
홍덕영
(1926~2005)

홍덕영은 영욕의 한국 축구사를 상징하는 골키퍼다. 그는 대한민국 축구대표팀의 첫 A매치로 기록된 멕시코와의 1948년 런던 올림픽 경기에서 5-3 승리를 지켜냈다. 멕시코전 다음 경기였던 스웨덴전에서는 대표팀 역대 최다 실점 겸 최대 스코어 차 패배(0-12)의 멍에를 뒤집어쓰기도 했다. 1954년 스위스 월드컵 극동 지역 예선으로 열린 광복 후 첫 한·일전에서 승리의 기쁨을 맛보았지만, 월드컵 본선에선 2경기 16골을 허용했다. 그는 한국

서울월드컵경기장을 방문한 생전의 홍덕영 선생.

축구 명예의 전당에 헌액된 7명(김용식, 홍덕영, 김화집, 이회택, 차범근, 정몽준, 히딩크) 중 한 명이기도 하다.

메틸알코올을 양주로 알고 자축주

함경도 함흥 출신인 홍덕영은 함남중학 2학년 때 축구를 시작했다. 처음엔 공격수로 뛰었으나 어느 날 연습 경기에서 부상당하는 바람에 골문을 지켰고, 가끔 골키퍼로 뛰었다. 그는 광복 이듬해인 1946년 큰형이 운영하는 서점에서 콘사이스(영일사전) 30권을 훔쳐 둘러메고 혼자 38선을 넘었다. 당시 서울의 하숙비가 한 달에 800원이었는데 콘사이스 한 권이 1500원이었다.

서대문 하숙집에 살던 홍덕영은 동대문에 있던 약학전문(현 서울대 약대)에 입학하려고 했는데 전차를 잘못 타는 바람에 보성전문(현 고려대) 시험을 쳤다. 보성전문에 합격했지만 콘사이스 30권을 다 팔아 먹은 바람에 하숙집에서 쫓겨날 상황이었다. "축구부에 들어가면 숙식을 해결할 수 있다"는 선배의 말에 홍덕영은 무작정 축구부를 찾아간다. 주장 김용덕이 "포지션이 뭐냐"고 묻자 그는 "골키퍼"라고 대답했다. 조선 팔도에서 난다 긴다 하는 선수들이 모인 보전에서 공격수로는 살아남기 힘들 것 같았고, 전차 안에서 보전 학생들이 "우리는 골키퍼가 약해서 문제"라고 얘기하는 걸 들었기 때문이다. 그렇게 홍덕영은 보전의 수문장이 됐다.

1948년 런던 올림픽. '코리아'라는 국호로 첫 출전한 올림픽에서 축구대표팀의 주전 골키퍼는 차순종이었으나 개막 직전 연습 경기에서 허리 부상을 당하는 바람에 열 살이나 어린 홍덕영이 나서게 됐다.

첫 상대는 북중미 강호 멕시코. 한국은 불같은 투지와 체력을 앞세워 기선을 제압했고, 당황한 멕시코 선수들이 주춤주춤 물러서는 사이 잇따라 골을 터뜨렸다. 한국의 5-3 승리.

다음 상대인 스웨덴은 당시 대회 우승을 차지한 강호이긴 했지만 0-12는 납득하기 어려운 결과였다. 참패의 이면에는 헛웃음이 나는 사연들이 숨어 있다. 다음은 이의재가 쓴 『한국축구인물사』에 나오는 이야기다.

멕시코전 승리 후 선수들은 숙소로 돌아와 자축 파티를 했는데 술이 없었다. 선수 한 명이 임원 방에서 양주 한 병을 갖고 와 모두 나눠 먹었는데 알고 보니 메틸알코올이었다고 한다. 한국 선수단 의무 담당 의사가 양주 한 병을 사 갖고 와서 임원들과 나눠 먹고 빈 병에 선수들 치료를 위해 메틸알코올을 가득 넣어두었다는 것이다. 그걸 마신 선수들이 복통에 시달려 컨디션이 엉망이 됐다는 이야기다. 당시 이영민 감독은 "메틸알코올을 마신 건 방송국 아나운서"라며 소문을 진화하려 애썼다.

또 다른 패인은 축구화였다. 스웨덴전이 열린 날은 장대비가 쏟아졌다. 당시 한국 선수들이 신은 축구화는 두꺼운 가죽 신발 바닥에 '뽕'을 못으로 박아 만든 것이었다. 뽕이란 여러 겹의 가죽을 아교로 접합한 뒤 동그랗게 오려낸 '스터드'를 말한다. 빗물

1948년 런던 올림픽에 출전한 홍덕영이 망치로 축구화를 수선하고 있다. [사진 이재형 축구자료 수집가]

에 젖은 가죽 축구화는 납덩어리처럼 무거웠고 뽕은 다 닳아서 죽죽 미끄러졌다. 스웨덴 선수들은 방수 처리한 축구화에 여러 종류의 스터드를 경기장 조건에 맞게 갈아 끼웠다.

은퇴 후에 국제심판으로도 활약

홍덕영도 1998년 축구 전문지 「베스트일레븐」과의 인터뷰에서 이렇게 말했다. "당시 축구공은 빗물을 먹으면 크기가 커지고 무거워졌다. 우리 선수들은 무거워진 볼을 차는 데 다리가 아플 정도였다. 나도 긴장을 한 탓에 다리에 쥐가 났다. 내가 1954년 스위스 월드컵 헝가리전(0-9)에서 대포알 슈팅을 막느라 온몸에 멍이 들었다고 기사가 났는데 사실은 런던 올림픽 스웨덴전이었다."

스웨덴의 유효 슈팅은 48개였다고 한다. 그중 12개만 먹었으니 그만하면 선방했다고 할 수 있겠다.

광복 후 첫 한·일전은 1954년 3월에 열린 스위스 월드컵 극동 지역 예선이었다. 한국과 일본이 홈앤드어웨이 경기를 펼쳐 승자가 본선에 진출하게 돼 있었다. 그런데 이승만 대통령이 "일본인을 대한민국 땅에 들일 수 없다"고 고집을 부려 2경기 모두 일본에서 열렸다.

여기서 그 유명한 '현해탄' 발언이 나온다. 이 대통령이 "일본에 지면 현해탄에 빠져 죽어라"고 했다는 건 요즘 말로 '가짜뉴스'다. 당시 축구협회장인 장택상 전 국무총리가 "지게 되면 현해탄을 건너오다가 모두 빠져서 고기밥이나 되어라"고 했고, 출국 인사 자리에서 다시 현해탄 얘기가 나왔다. 이유형 감독이 "각하, 만약 우리가 진다면 현해탄을 건너올 때 이 몸을 현해탄 바닷속에 던지겠습니다"고 말했다는 게 홍덕영의 증언이다.

홍덕영은 "우리 선수들 유니폼엔 백넘버를 달 만한 여유가 없었다. 대회 조직위원회에서 광목에다 등번호를 써준 것을 선수 각자가 바느질을 해 번호를 붙였다"고 회고했다. '현해탄 투혼'을 앞세운 한국은 1승 1무(5-1, 2-2)로 일본을 누르고 첫 월드컵에 진출했다.

스위스 월드컵 개막일인 6월 16일 밤 9시에 한국 대표팀은 취리히에 도착했다. 미 공군 수송기를 탔는데 긴 널빤지로 만든 의자가 너무 높아서 발이 대롱대롱 흔들리는 상태에서 48시간 비행기 여행을 했다는 것이다. 취리히에 도착했을 때 선수들이 제대로 걷지도 못했다고 한다. 헝가리전 0-9, 터키전 0-7 참패가 한국의 첫 월드컵 도전사였다.

　은퇴 후 국제심판으로도 활약한 홍덕영은 2002 한·일 월드컵의 성공적인 개최와 꿈같은 4강 신화를 맛본 뒤 2005년 9월 13일, 조용히 영면에 들었다.

골키퍼 손가락, 대포알 슈팅 막느라 휘어져

골키퍼는 골을 먹고 욕을 먹는 자리다. 손을 쓸 수 있는 특권이 있지만, 그 특권 때문에 수난도 당한다. 골키퍼 대부분의 손가락은 굽어 있다. 홍덕영, 함흥철 등도 예외는 아니었다.

20년 전 내가 취재한 1950년대 국가대표 상비군 출신 최상호는 오른손 검지가 엄지 쪽으로 70도 정도, 왼손 검지도 60도 정도 휘어 있었다. 제대로 된 장갑도 없이 강한 슈팅을 막다 생긴 '산업재해'다.

최상호는 "당시 골키퍼는 '시보리장갑'이라고 불린 군용 장갑을 꼈어요. 손가락이 아파도 경기에서 뺄까 봐 코치한테 말도 못 했지. '아이스케키' 막대기를 부목 삼아 붕대로 칭칭 감고 하룻밤을 잔 뒤 다음 날 붕대를 풀면 원래대로 휘어져 있는 거야"라고 회고했다. 그는 슛을 막을 때마다 전기에 감전된 것처럼 찌릿찌릿 아팠다고 했다.

K리그 최고참 골키퍼로 성남 FC의 골문을 지키는 김영광도 왼손 약지가 휘어 있다. 중3 때 손가락 뼛조각이 떨어진 상태에서 치료를 받지 못하고 계속 뛰는 바람에 휜 상태로 굳어져 반지를 낄 수도 없을 정도다. 프로축구 경기 때 김영광의 부모를 만난 적이 있다. 골키퍼는 몸도 아프지만 마음이 더 아픈 포지션이라고 했다. 아버지는 "골키퍼 있다고 골 안 들어갑니까. 그런데도 영광이가 두 골만 먹으면 가족들 얼굴이 벌게집니다"고 했다.

"이 에미나이" 혼내며 차범근 키운 원조 골잡이
최정민
(1930~1983)

　이회택-차범근-최순호-황선홍…. 축구팬이라면 줄줄 꿰는 한국 축구 스트라이커 계보다. 이 '거룩한 계보'의 맨 앞에 서야 할 사람이 있다. '아시아의 황금 다리' 최정민이다.
　1956년 9월, 홍콩에서 제1회 아시안컵(아시아축구선수권대회)이 열렸다. 예선을 통과한 4개국이 풀 리그로 우승팀을 가렸다. 1승 1무(홍콩과 2-2, 이스라엘에 2-1)로 베트남과 최종전을 치른 한국은 5-3으로 이겨 초대 아시안컵 챔프가 됐다. 이 경기에서 최정민이 2골을 넣었다.
　1960년 제2회 아시안컵은 서울 효창운동장에서 열렸다. 역시 4개국 풀 리그 방식이었다. 1차전에서 한국은 베트남을 5-1로 꺾었다. 최정민이 1골을 뽑았다. 이스라엘과 대만을 연파한 한국은 아시안컵 2연패를 달성했다. 그 후로 60년이 넘도록 한국은 아시안컵을 가져오지 못하고 있다.

최정민은 평양 부농의 아들이었다. 체격이 좋았고 마라톤·배구 등 못 하는 운동이 없었다. 축구에는 탁월한 소질을 보였다. 6·25전쟁이 터진 1950년에 대학생이었던 최정민은 이듬해 1·4 후퇴 때 서울로 내려왔다. 육군 방첩대(CIC) 소속으로 뛰며 골잡이로 이름을 날렸다.

'스포츠 스타-미스코리아' 1호 커플

1954년 스위스 월드컵, 아시아 대륙에 걸린 티켓 한 장을 놓고 한국과 일본이 홈앤드어웨이 방식으로 맞붙게 됐다. 하지만 이승만 대통령이 "침략자 일본이 우리 땅을 밟게 할 수 없다"며 고집을 부려 2경기 모두 도쿄에서 열렸다. '일본에 지면 현해탄에

1954년 3월 7일 도쿄에서 열린 첫 한-일전에서 최정민(왼쪽)이 골을 넣고 있다.

몸을 던지겠다'는 각서를 썼다는 그 경기. 최정민은 진흙탕 속에서 열린 1차전에서 2골을 터뜨려 5-1 대승에 앞장섰다. 2차전에선 0-2로 끌려가던 한국이 정남식, 최정민의 골로 2-2 무승부를 거뒀다. 대한민국 첫 월드컵 본선 진출의 선봉장이 최정민이었다. 국제축구연맹(FIFA) 홈페이지는 2008년 '라이벌전 도쿄에서 태동하다'는 제목으로 사상 첫 한·일전을 소개했다. 일본 수비수 히라키 류조는 최정민에 대해 "밸런스와 스피드를 겸비한 공격수여서 그를 저지할 수 없었다. 우리는 거인과 싸우는 어린이들 같았다"고 회고했다.

대한축구협회 기록에 따르면 최정민은 A매치 47경기에 출전해 22골을

넣었다. 1961년 은퇴한 최정민은 지도자로 변신해 국가대표 감독까지 역임했다. 178㎝ 훤칠한 키의 '꽃미남' 최정민은 술을 좋아하고 자유분방한 생활을 즐겼다. 그는 1983년

아시안컵 우승 트로피를 든 아버지 사진 앞에서 '축구인 최정민'을 얘기하는 최혜정 씨.

12월 당뇨 합병증으로 세상을 떴다. 53세의 아까운 나이였다.

최정민은 은퇴 전해인 1960년, 미스코리아 출신 서정례 씨와 결혼했다. 요즘에야 흔하지만 당시로는 '스포츠 스타-미스코리아 커플' 1호였다. 그러나 결혼 생활은 평탄하지 않았다. 급기야 부인은 아이 셋을 데리고 친정인 미국 하와이로 들어가 버렸다. 최정민이 쓰러진 날은 맏딸 혜정 씨의 결혼식 1주일 전이었다고 한다.

2018년 연말, 서울 성북동의 한 카페에서 혜정 씨를 만났다. 그는 이탈리아·독일 가구를 수입하는 업체에서 일하고 있고, 축구 선수 아들도 뒷바라지하고 있다. 최 씨는 아버지에 대해 "아이들에겐 자상하고 섬세한 아빠, 선수들에겐 무섭지만 사심 없는 선생님이셨죠. 진짜 멋쟁이셨고요"라며 웃었다.

부모님은 어떻게 처음 만났는지요.

"어머니가 1959년 미스코리아 선(善)에 뽑혔고, 미스월드 최종 결선(7명)까지 나갔어요. 당시 미스코리아들이 영국에 갔다 오는 길에 일본에 들러 대회 출전 중이던 축구 대표 선수들과 만찬을 같이했는데 거기서 두 분이 만나 불꽃이 튀었다고 해요. 하하."

여성들에게 인기가 많던 아버지가 어머니 속을 많이 썩이셨다면서요.

"다짜고짜 집으로 전화해 '최정민 선수 바꿔달라'는 여자들이 많았대요. 당대 최고 영화배우 김○○ 씨도 있었죠. 참다못한 어머니가 우리 3남매를 유학시킨다며 하와이로 들어가 버렸어요. 그 후로 아버지가 많이 외롭고 힘들어하셨다고 해요."

지도자로서 아버지는 어땠나요.

"선수들이 눈을 못 쳐다볼 정도로 무서웠어요. '이놈의 에미나이 새끼들' 하면서 운동장에서 소리치던 게 생생해요. 국가대표팀 맡았을 땐 특히 차범근 선수를 많이 야단쳤던 것 같아요. 그만큼 잠재력이 뛰어났으니까 더 잘하라고 다그치신 거죠. 그렇지만 품어줄 땐 넉넉하게 품어주셨고, 윗사람 눈치를 보지 않으셨어요."

한국 축구 명예의 전당에도 못 올라

축구인 사이에서 최정민에 대한 평가는 엇갈린다. 후배들은 그를 '정 많고 화통한 선배'로 기억한다. 이재(利財)에 밝은 최정민은 친형과 함께 갈비·냉면집을 운영해 돈을 많이 벌었다고 한다. 씀씀이가 컸고, 어려운 후배를 보면 그냥 보고 넘기지 않았다는 게 주위의 증언이다. 혜정 씨는 "중앙대 감독 시절엔 당시 귀한 고기나 생선을 시장에서 떼 와서 어머니가 직접 요리해 선수들을 먹이곤 했어요"라고 회고했다.

그러나 그를 좋지 않은 시선으로 보는 축구 원로들도 있었다. 사생활이 반듯하지 못했다는 것이다. '나까마'(중간상인을 뜻하는 일본어)라는 별명처럼 그는 해외 나갈 때마다 국내에 없는 물건들을 대량으로 들여오

곤 했다. 어떤 이는 이를 '밀수'라고 했고, '지인들의 부탁을 거절하지 못한 성격 탓'이라고 옹호하는 사람도 있었다. 2005년 '한국 축구 명예의 전당'에도 그는 최종 후보에 올랐으나 일부 원로들의 거센 반대로 등재되지 못했다.

    중앙대와 대표팀 시절 최정민을 감독으로 모셨던 조영증 전 프로축구연맹 심판위원장은 "최 선생님은 워낙 실력이 출중한 스타 출신이어서 말을 많이 하지 않았지만 카리스마가 대단했죠. 체력과 정신력을 강조하셨고, 축구에 대한 집념만큼은 누구도 따라갈 수 없을 정도였어요"라고 회고했다. 조 위원장은 "사생활에 대한 논란과는 별도로, 한국 축구 스트라이커 계보의 출발점이라는 점에서 객관적인 평가와 예우가 있어야 할 것"이라고 말했다.

1960년 시작된 아시안컵 가짜 금메달 저주, 언제 끊어질까

1956년 아시안컵에서 우승한 대한민국 선수들은 순금 메달을 받았다. 1960년 서울에서 열린 2회 대회에서도 우승한 선수들에게 대한축구협회가 금메달을 만들어 걸어줬다. 모두 순금인 줄 알았는데 선수 중 한 명이 "진짜 순금인지 긁어보자"고 해서 도금한 메달인 게 드러났다. 최정민의 주도로 선수 전원이 메달을 반납했다.

이 사건이 언론에 크게 보도되자 검찰이 수사에 나섰다. 금은방 주인은 "처음에 (축구협회에서) 순금 메달을 주문했는데 대금을 받고 보니 도금 값밖에 안 돼 그렇게 만들었다"고 진술했다. 축구협회는 "돈이 없어서 그랬으니 다음에 순금으로 만들어주겠다"고 발뺌했고, 집행부가 바뀌며 흐지부지됐다.

그러나 '가짜 금메달의 저주'는 끈질기게 이어졌다. 월드컵 본선에 10회 연속 진출하는 동안 한국 축구는 아시안컵에서 한 번도 정상에 오르지 못했다. 급기야 축구협회는 2014년에 순금 메달을 만들어 박경화, 이은성 등 생존자에게는 직접 전달했고, 세상을 떠난 이들은 가족을 수소문해 전달했다.

최정민 감독의 장녀 혜정 씨는 "순금 메달 전달식을 계기로 아버지에 대한 재평가가 이뤄지고, 당시 선수들의 기운을 받아 후배들이 아시안컵을 되찾아 왔으면 좋겠어요"라며 웃음 지었다.

⑪

손 감각 지키려
딸도 왼팔로만 안은 '전자 슈터'
김현준
(1960~1999)

　현대전자에는 '슛도사' 이충희가, 삼성전자에는 '전자 슈터' 김현준이 있었다. 남자 농구가 반짝 인기를 누리던 1980~90년대 중반 농구대잔치 시절, 현대와 삼성의 라이벌전은 불꽃이 튀었다. 승부는 늘 이충희와 김현준의 슈터 대결에서 갈렸다.

　1999년 10월 2일, 삼성 코치 김현준은 출근길에 교통사고로 유명을 달리했다. 서른아홉 아까운 나이였다. 삼성은 김현준의 등번호 10번을 영구결번으로 예우했다. 고인을 기리는 '김현준 농구장학금'은 스타의 산실로 자리 잡았다.

　농구(KBL)의 관심과 열기는 농구대잔치 시절만 못하다. '용병'이라고 불리는 외국인 선수들이 골밑은 물론 외곽까지 접수했다. "김현준, 이충희 같은 정통 슈터가 그립다"는 말을 자주 듣는다.

　그래서 김현준을 추억의 공간으로 불러냈다. 연세대 79학번 동기인

이성훈 전 KBL 사무총장, 고인이 가장 아끼던 문경은 전 SK 감독을 만났다. 부인 김정현 씨와 두 딸 세희, 재희 씨도 기꺼이 시간을 내주었다.

천재형인가 노력형인가

신일고 3학년 때 이성훈은 광신상고 김현준의 경기를 보고 깜짝 놀란다. "수비가 붙으니까 현준이가 점프한 상태에서 오른손에 있던 공을 왼손으로 옮겨서 슛을 쏘더라고요. 그게 들어가더라니까."

공을 동그란 림 안에 집어넣는 기술과 감각만큼은 김현준이 당대 최고였다. 당구·축구·골프도 선수급이었다. 문경은 감독은 "현

삼성전자 시절 김현준이 자유투를 던지고 있다.

준 형은 연습 때 어렵고 기발한 슛을 시도하곤 했어요. 공을 코트에 한 번 퉁긴 뒤 집어넣기, 백보드 위를 데구루루 구른 뒤 림을 통과하기 같은 거죠. 자유투 때는 백보드를 먼저 맞히는 뱅크슛은 기본이고, 백보드 맞고 림 한 번 맞기, 림 두 번 맞기 등 원하는 대로 넣었어요"라고 말했다.

뱅크슛은 김현준의 전매특허였다. 182cm로 키가 크지 않은 김현준은 상대 마크를 피하기 위해 높은 궤적을 그리는 뱅크슛을 장착했다. 이 총장은 "당시는 백보드의 재질이 일정하지 않아 탄성이 조금씩 달랐어요. 현준이는 몇 번 던져본 뒤 그 탄성을 귀신같이 알아냈죠"라고 말했다.

김현준은 타고난 감각에다 엄청난 노력을 더했다. 이 총장의 증언. "현준이 집안이 어려웠어요. 우연히 숙소에서 현준이 일기를 봤는데 '이거 아니면 죽는다' 같은 각오를 잔뜩 써놨더라고요. 해가 진 뒤 체육관

에 불도 못 켜고 슈팅 연습하는 걸 자주 봤어요."

김정현 씨는 "큰 대회 끝나고 집에 와도 하루 정도 쉰 뒤에는 컨디션이 떨어지지 않았나 체크하고, 개인운동 나가곤 했죠. 그 딸바보가 아이들 안을 때는 왼팔만 썼어요. 오른팔 감각이 나빠질까 봐 그랬대요"라고 회고했다.

하조대에서 사랑을 만나다

1982년 8월, 연세대 농구부가 동해안 하조대로 전지훈련을 갔다. 농구부가 투숙한 민박에 상명여대생 4명이 묵었다가 친해졌다. 그중 한 명이 김현준 앞으로 학보를 보냈고, 둘은 10월에 다시 만나 불이 붙었다.

김정현 씨의 말이다. "가요를 그렇게 잘 부르는 사람은 처음 봤어요. 김수희 노래 부르는 데 반했죠. 졸업도 하기 전에 결혼식을 올렸어요. 내가 미쳤었나 봐요. 술 좋아하고 합숙도 많아서 외롭게 살지 않을까 걱정도 했지만… 내가 만난 남자 중에 제일 착했어요."

김현준이 가장 아꼈던 선수가 광신상고-연세대 11년 후배 문경은이다. 김정현 씨는 "고등학생을 집에 데려왔는데 꽃미남 탤런트가 앉아 있는 것 같았어요. 지금은 좀 쪘지만…. 남편은 '얼굴이 조금만 덜 잘 생겼어도 더 큰 선수가 될 텐데 헛바람이 들까 걱정'이라는 말을 자주 했어요."

김현준 농구장학금을 전달하고 있는 고인의 장녀 세희씨(왼쪽)와 차녀 재희씨. [사진 서울 삼성 농구단]

라고 기억했다. 김현준은 키(190cm) 크고 탄력도 좋은 문경은이 자신의 뒤를 이을 대형 슈터가 될 거라고 기대했다.

문 감독은 "삼성 있을 때 외박만 받으면 절 데리고 집에 가시던 기억이 납니다. 전 친구들하고 나이트 가서 놀고 싶은데 꼼짝없이 잡혀서 술 사역을 했죠"라며 웃었다. '전자 슈터'의 대를 잇는 '람보 슈터'로 성장한 문경은은 KBL 역대 최다 3점슛(1669개) 기록을 갖고 은퇴했다.

운명의 1999년 10월 2일

그날은 토요일이고, 비가 많이 왔다. 전날 과음을 한 김현준은 용인 수지에 있는 체육관까지 택시로 가겠다고 했다. 그는 안전벨트를 매지 않고 뒷좌석에 기대 잠이 들었다. 분당 백현 지하차도를 통과하는 순간, 맞은편에서 1차 충돌을 한 승용차가 중앙선을 넘어 달려들었다.

남편을 택시에 태워 보내고 이상한 기분에 사로잡혀 있던 김정현 씨는 구단 매니저의 전화를 받았다. "현준 형이 사고를 당한 것 같으니 삼성의료원 응급실로 오세요." 매니저가 나타난 곳은 장례식장 입구였다. 그리고 사흘간 무슨 일이 있었는지 하나도 생각이 안 난다고 했다.

하관 직전 큰딸 세희(당시 중1)가 아빠에게 보내는 편지를 읽었다. 문 감독은 "그걸 들으며 대성통곡했다"고 말했는데, 모녀는 "전혀 그런 기억이 없다"고 했다. "우린 모두 제정신이 아니었어요. 장례 후에도 한동안 '아빠'는 금기어였죠. 서로 너무 아팠으니까요."

공황장애·불면증·우울증에 시달리던 김정현 씨는 뒤늦게 신학을 시작했다. 남편을 그렇게 만든 '그분'의 뜻을 알고 싶어서였다고 한다. 지금은 자신보다 더 힘든 사람들을 돕고 있다. 세희 씨는 여섯 살 아이를 키우며, 재희 씨는 디자이너 일을 하며 열심히 산다.

'제2의 김현준'은 왜 나오지 않을까. 용병이 코트를 장악했기 때문이라는 게 정설이다. '공격 1옵션'은 당연히 확률이 높은 용병 몫이다. 국가대표급 슈터들도 용병을 마크하면서 간간이 찬스가 날 때 3점슛을 던진다.

또 한 가지 이유는 '간절함'이다. "옛날엔 국가대표 12명 안에 들어야 형편이 풀렸다. 계약금으로 집안을 일으킬 수도 있었다. 그래서 하루 1000개씩 슈팅 연습을 했다. 요즘은 프로 구단에만 들어가면 거의 억대 연봉을 받는다. '바스켓볼 맘'에 끌려 다니는 마마보이가 많다"는 게 농구계 인사들 의견이다.

김현준은 어떤 모습으로 기억될까. 김정현 씨가 희미하게 웃으며 말했다. "짧고 굵게, 멋지게 살다 간 사람?"

양희종·이승현·최준용… 김현준 농구장학금은 스타 산실

김현준 코치가 세상을 떠난 다음 해인 2000년에 '김현준 농구장학금'이 제정됐다. 서울 삼성 농구단은 경기에 이길 때마다 20만 원씩 적립했고, 그해 뛰어난 활약을 한 중·고교 유망주를 뽑아 시상했다. 2014년부터는 1인당 장학금 액수가 '시즌 승수×10만 원'으로 늘었다. 2018년 제18회 수상자로는 김재현(광신정산1), 양준석(무룡고1), 조민근(광신중3)이 선정돼 340만 원씩 장학금을 받았다.
김현준 장학생 중 양희종(1회)을 비롯해 박찬희, 이승현, 전준범, 최준용 등 국가대표가 다수 나왔다. 삼성의 홈경기 때 열리는 시상식에는 김 코치의 동생인 김효준 삼성물산 부장이 시상을 맡아 왔다. 그러나 김 부장이 2012년 페루 출장 중 헬기 사고로 타계해 김 코치의 딸들이 그 자리를 지키고 있다. 김 코치의 부인 김정현 씨는 "트라우마 때문에 체육관은 못 가지만 삼성에 늘 감사한 마음을 갖고 있다"고 말했다.

⑫ "이용만 해먹고…" 거인병 몰랐던 '코끼리 센터' 김영희

(1963~2023)

농구인 김영희 씨가 60세를 일기로 별세했다는 2023년 2월 1일 자 부음 기사를 보고 잠시 멍했다. '코끼리 센터'라는 별명을 얻으며 1980년대 여자농구 인기에 한몫했던 그는 '거인병'이라 불리는 말단비대증과 그로 인한 합병증으로 오랜 세월 외로운 투병 생활을 했다.

나는 2016년 1월, 김영희 씨가 혼자 사는 경기도 부천의 다세대 월세방을 방문한 적이 있다. 그는 나에게 그동안 알려지지 않았던 얘기들을 들려줬다. 우리는 금세 "누님" "동생"으로 부를 만큼 친해졌다. 그는 몸도 아프지만 '이용만 당하고 버려졌다'는 배신감에 더 힘들어했다. 그럼에도 세상을 밝고 맑게 살려고 애쓰는 모습에 뭉클했던 기억이 난다. 그는 말을 재미있게 했고, 다른 사람 흉내도 잘 냈다. "생긴 건 이렇지만 마음은 솜사탕이랍니다. 호호호" 하면서 짐짓 애교를 부리는 모습이 짠했다. 다시 오겠다는 약속을 지키지 못한 게 마음에 걸린다.

1984년 LA 올림픽에서 김영희와 함께 대한민국 구기 사상 첫 은메달을 따낸 박찬숙 여자농구연맹(WKBL) 경기운영본부장은 "영희는 늘 먼저 전화해서 '언니, 도와줘서 고마워요'라며 안부를 묻던 싹싹한 친구였어요. 두 달 전에 넘어지면서 목뼈가 부러졌고, 병원에서 더 이상 손을 쓸 수 없다고 해서 요양원에서 쓸쓸하게 생을 마쳤다고 하네요"라며 안타까워했다.

놀리는 꼬마들 사탕 나눠주며 친구 돼

경남 언양에서 태어난 김영희는 아주 작은 신생아였다고 한다. 할머니가 "손녀딸이 너무 작아서 걱정이니 정상적으로 잘 크게 해주세요"라고 백일기도를 드릴 정도였다. 다섯 살부터 키가 쑥쑥 크고 몸도 커지기 시작했다. 아버지(165cm), 어머니(163cm)도 보통 체격이고, 남동생(178cm)도 평균보다 조금 큰 정도인데 김영희는 중학교 2학년 때 185cm가 넘었다고 한다.

단지 키가 크다는 이유만으로 부산 동주여중 농구부에 들어간 김영희의 인생은 박찬숙과 운명처럼 엮여 있다. 1970~80년대 여자농구는 화장품 업계 라이벌 태평양화학과 한국화장품의 맞수 대결이 불을 뿜었다. 숭의여고 1학년 때 이미 국가대표가 된 박찬숙(190cm)을 영입한 태평양화학은 무적이었다. 한국화장품은 박찬숙과 맞설 장신 센터를 발굴하기 위해 전국을 뒤졌고, 동주여중의 김영희를

1984년 실업농구 한국화장품에서 뛴 김영희가 골밑 슛을 던지고 있다.

점찍었다.

그런데 그 시절 부산에 온 실업 배구팀 코치가 김영희를 본 뒤 서울로 '보쌈'을 해버린다. 김영희에게 배구 기본기를 가르치던 코치는 뭔가 이상하다는 느낌이 들어 그를 경찰병원에 데려가 정밀검진을 받게 했다. 의사가 "이 아이는 그냥 놔두면 앞으로 얼마나 더 클지 모릅니다. 그런데 수술을 받으면 성장을 멈추게 될 겁니다"고 말했다는 게 김 씨의 증언이다. 코치는 이후 김영희를 병원에 데려가지 않았다고 한다. 이미 거인병 증세가 나타났는데도 말이다.

몇 달 뒤 김영희는 다시 동주여중으로 잡혀와 농구를 계속 했고, 숭의여고로 진학해 박찬숙의 후배가 된다. 202cm까지 자란 김영희는 한국화장품에 입단해 1984년 농구대잔치에서 태평양화학을 누르고 팀에 우승을 안긴다. 본인은 득점왕·리바운드왕 등 5관왕에 오른다.

김 씨가 당시를 회상했다. "그때가 내 인생의 최고 전성기였죠. 그런데 거울로 몸과 얼굴을 보면 이건 여자가 아닌 거야. 그 뒤로 3년 동안은 거울을 안 봤어요. '운동을 잘하라고 하늘에서 이런 몸을 준 모양이다'고 속으로 정리를 했죠."

화려한 시절도 잠시, 거인병이 진행되면서 김영희는 1987년에 쓰러져 뇌종양 수술을 받는다. 은퇴한 그는 합숙소를 나와 세상과 맞닥뜨려야 했다. 사람들은 등 뒤에서 수군거렸다. "아이고 엄청 크네. 저게 남자야 여자야?" 그런데도 205cm까지 커진 김영희는 자신이 거인병을 앓고 있다는 사실을 몰랐다.

2002년 10월 21일, 중앙일보 문병주 기자가 '키가 커서 슬픈 전 농구대표 김영희'라는

2002년 10월 모교인 숭의여고를 방문해 슛 시범을 보여주고 있는 김영희.

제목으로 김 씨의 거인병 투병 사실을 특종 보도했다. 김영희 관련 다큐멘터리를 찍고 있던 KBS에서 그에게 정밀진단을 권했다. 자기공명영상촬영(MRI)을 통해 말단비대증임을 확인한 그는 사흘 밤낮을 울었다고 한다.

"나보다 힘든 사람이…" 장애인 시설 봉사

"감독·코치님들은 왜 병원에 가보자는 얘기 한번 안 하셨나. 키 크다고 이용만 해 먹고…. 지금도 묻고 싶어요. 왜 나를 그렇게 학대했는지. 증상이 심해져서 체중이 130kg까지 나갔을 때는 살쪘다고 물도 못 먹게 했다니까요."

그 후 김영희는 서울 제기동 집에만 틀어박혔다. 흘러가는 구름을 보며 '구름아, 나랑 친구 하자는데 어디로 가니'라며 혼잣말을 했고, 독한 양주를 병째 마시고 밤에는 속이 아파 데굴데굴 굴렀다. 유일한 친구였던 어머니가 세상을 떠났고, 아버지마저 2년 뒤 암으로 돌아가셨다.

지독한 우울증에 시달린 김영희는 7개월간 곡기를 끊었다. "누나까지 가면 난 어떻게 살아"라며 울부짖는 남동생과 친어머니처럼 돌봐준 지인의 정성에 그는 마음을 열었다. 미움도 원망도 놓아버리기로 했다. "거인 아줌마"라며 놀리던 꼬맹이들에게 사탕과 과자를 나눠줬고, 호박죽을 쒀서 독거 어르신을 대접하기도 했다. 파주에 있는 중증 장애인 시설에서 봉사하면서 '나보다 힘들게 사는 사람도 있네'라며 삶의 의지를 추스르기도 했다.

말단비대증은 성장호르몬 이상으로 인해 신체와 장기가 비정상적으로 커지는 병이다. 코·입·손발 등 신체 끝부분이 더 심하게 커진다고 해서 말단(末端)비대증이다. 씨름 천하장사를 거쳐 격투기 선수로 뛴 최홍만(217㎝)도 2008년 말단비대증의 원인이 되는 뇌하수체 종양 제거 수술을 받았다. 생전에 김영희 씨는 최홍만에게 "빨리 병원에 가서 정밀진단 받아봐라. 나처럼 이용만 당하고 버려지는 신세 되지 말고"라며 충고한 적이 있었다고 한다.

스포츠에서 키가 큰 건 장점이지만 지나치게 큰 사람은 동작이 굼뜨거나 기본기가 떨어진다. 남모르는 질병이나 부상에 시달리는 경우도 많다. 혹독한 훈련, 호기심 어린 시선, 원인도 모르는 병마로 힘들어하다 쓸쓸히 경기장을 떠난 '골리앗' '기중기' '코끼리'들이 있었다.

박찬숙 위원장은 "영희는 나보다 키는 컸지만 기본기가 확실하게 잡힌 선수가 아니었어요. 정상적이지 않은 몸으로 그 힘든 운동을 했으니 얼마나 고통이 많았을까요. 영희가 하늘나라에서는 아프지 않고 편안한 안식을 얻었으면 좋겠어요"라고 고인의 명복을 빌었다.

'신체 자본'에 소모된 김영희… 몸이 쓰는 한 편의 시 못 봐

_김정효 서울대 외래교수(체육철학)

스포츠는 인간의 몸으로 이루어지는 가장 아름다운 문화 장르다. 높이뛰기 선수 우상혁은 자신의 몸으로 날아올라 하늘의 문턱을 뛰어넘는 듯한 감동을 선사한다. 손흥민의 정교한 드리블, 허웅의 림으로 빨려드는 슛은 인간의 몸이 쓰는 한 편의 시다.

그러나 거기에 인간의 욕심이 개입하면 몸은 뒤틀리고 왜곡된다. 그걸 드러내는 말이 '신체 자본'이다. 몸이 자본이 되는 순간 이윤의 희생양이 된다. 김영희의 몸은 이윤(이익)을 추구하는 타자의 것이었다. 운동선수로서 김영희는 스스로 존재하지 못하고 언제나 타자의 이익과 영광을 위해 소모되었다.

소모품으로서 선수의 몸은 기계와 다르지 않다. 그래서 골리앗이 되고, 기중기가 되고 공을 실어 나르는 코끼리가 되었던 것이다. 운동선수들의 몸에 붙는 이런 기호들은 몸을 대상화하고, 그 대상화된 몸을 즐기는 사디즘적 관음증을 부른다. 인간의 몸은 어떤 다른 기호로도 대체할 수 없다. 운동선수의 몸은 그 자체로 목적이며, 그래서 아름다운 것이다. 2m가 넘는 신장은 다만 그 선수의 삶의 조건일 뿐이다. 몸의 차이는 삶의 차이만큼 신성하다.

우리는 운동선수의 몸에서 아름다움을 보아야 한다. 슛, 드리블, 패스는 인간의 몸이 쓰는 시인데, 왜 우리는 김영희의 몸에서 시를 보지 못했을까? 김영희의 죽음은 이런 묵직한 질문을 던진다. 차이를 있는 그대로 보는 관용과 따뜻함. 그 마음의 부재가 김영희를 일찍 보내게 했는지도 모른다.

3장
링 위의 철인

"벨트 못 따면 죽어서 돌아오겠다" 비운의 복서 **김득구**
(1956~1982)

1982년 11월 13일. 미국 라스베이거스 시저스 팰리스 특설 링에서 세계권투협회(WBA) 라이트급 타이틀 매치가 열렸다. 챔피언 레이 맨시니(미국)와 맞선 한국의 무명 복서 김득구는 13회까지 처절한 사투를 벌였다. 그러나 14회 맨시니의 강력한 펀치를 맞고 KO 당했고, 영영 일어나지 못했다. 나흘 동안 뇌사 상태에 빠져 있던 김득구는 가족 동의로 장기를 기증하고 이국땅에서 숨을 거뒀다. 복싱계는 충격에 빠졌다. 세계 타이틀 매치가 3분 15회전에서 12회전으로 줄었고, 스탠딩 다운 등 선수 보호 장치가 강화됐다.

슬픈 소식은 끊이지 않았다.

동양챔피언이 된 뒤 강원도 고성의 고향에서 환영회에 참석한 김득구.

김득구의 어머니는 3개월 뒤 아들 뒤를 따라갔다. 주심이었던 리처드 그린은 '미리 경기를 중단시키지 않은 나 때문에 복서가 죽었다'는 자책감에 시달리다 7개월 뒤 스스로 목숨을 끊었다. 촉망받던 강타자 맨시니도 더는 링에 오르지 못했다.

김득구의 스토리는 2002년에 영화 「챔피언」(감독 곽경택, 주연 유오성)으로 재탄생했다. 영화에서 김득구의 동아체육관 동기이자 절친한 친구로 나오는 선수가 '돌주먹' 박종팔이다. WBA 미들급 세계 1위였던 박종팔은 당대 최고 강타자 마빈 해글러(미국)에게 도전하기로 돼 있었다. 그러나 해글러 측에서 계약을 위반해 대결이 무산됐고, 대신에 김득구-맨시니 경기가 성사됐다. WBA·IBF(국제복싱연맹) 슈퍼미들급 세계챔피언을 지낸 박종팔은 52전 46승(39KO) 5패 1무의 전적을 남겼다. 2018년 1월, 경기도 남양주시 불암산 자락에 있는 자택에서 박종팔 챔피언을 만났다. '진정한 헝그리 복서' 김득구를 추억하고, 헝그리 스포츠 복싱의 과거-현재-미래를 이야기했다.

#무작정 상경 #동아체육관 #빈대 천국

김득구 선수와는 공통점이 많아 친해졌다면서요.

"내가 58년 개띠인데 나보다 한 살 많다고 해서 친구처럼 지내자고 했지요. (김득구 나이는 자료에 따라 55년생, 56년생 등으로 다르게 나온다.) 나도 열다섯에 어머니 돌아가시고 새엄마 밑에 있기 싫어 전남 무안에서 무작정 상경했는데, 득구도 아버지 죽고 새아버지 밑에서 고생하다가 강원도 고성에서 올라왔잖아요. 잠은 체육관 마룻바닥에서 잤는데 빈대가 어찌나 많은지. 코피가 많이 나고 땀도 많이 흘려서 빈대 천국이었죠."

김득구는 어떤 선수였나요.

"당시 복싱이 중흥기라 세계 타이틀 매치 하고 나면 하루 10명, 20명씩 복싱 배우겠다고 찾아왔어요. 체육관이 좁아서 잽 한 번 뻗을 틈도 없을 정도였죠. 몸뚱어리, 맨주먹 하나 믿고 올라온 친구들이니 정신력이 오죽했겠소. 득구는 그중에서도 어떡하든지 권투로 일어서 보겠다는 집념이 대단했어요. 미쳤다고 해야 하나. 그러면서도 쇼맨십과 리더십이 강하고 노래도 잘 부르는 팔방미인이었죠."

김득구가 동양챔피언이 되자마자 너무 일찍 세계타이틀에 도전한 건 아닌가요.

"득구는 왼손잡이인데 특이하게 인파이터(안으로 파고드는 공격형)였어요. 상대에 따라 인파이팅과 아웃복싱을 적절하게 구사했죠. 당시 내가 WBA 랭킹 1위여서 해글러가 지명 방어전을 해야 하는데 내 인지도가 떨어져 흥행이 안 된다고 생각해 계약을 파기했어요. 그 바람에 득구가 다시없는 기회를 잡은 거죠. 난 지금도 해글러와 붙지 못한 게 한이오. 해글러도 왼손잡이에 인파이터인데 내가 왼손잡이는 잘 잡거든."

김득구가 "벨트 못 따면 죽어서 돌아오겠다"는 말을 자주 했다면서요.

"맨시니하고 자기하고 둘 중 하나는 죽을 거라는 말을 했어요. 성냥갑으로 조그만 관 모양을 만들어서 갖고 다니고 미국 갈 때도 가방에 넣어서 갔어요. 지금 득구를 만나면 이렇게 말해주고 싶어요. '득구야, 정말 잘 싸웠다. 네가 자랑스럽다. 그런데 벨트 못 따면 죽어서 돌아오겠다는 약속은 왜 지켰냐'라고요."

#90억 사기 #인생 3라운드 #권투는 정직

박종팔은 열에 아홉 번은 KO로 이기는 화끈한 복싱으로 인기가 높았다. 1980년대 중반 세계 타이틀 매치 한 경기에 5000만 원이 넘는 파이트머니를 받았다. 서울 변두리 땅값이 평당 1만 원 하던 시절, 그는 돈을 받는 족족 땅을 샀다. 은퇴하고 계산해 보니 29군데 땅 시가만 90억 원이 넘었다. 그 돈을 그는 친구, 선후배들에게 떼이고 사기당하면서 몽땅 날려버렸다. 신용불량자가 됐고, 우울증이 왔고, 부인을 폐암으로 먼저 보냈다. 떨어져 죽을 바위를 찾아 수락산

절친이었던 김득구를 추억하고 있는 박종팔 전 챔프.

을 헤매던 그는 부인이 된 이정희 씨를 만나 극적으로 재기에 성공했다. 지금은 "인생 3라운드는 KO승 말고 판정승 하자"고 외치는 명강사가 됐다. 그는 옆자리에 앉은 부인에게 "자네가 나를 치마폭으로 받아분 사람이오"라며 손을 덥석 잡았다.

요즘 복싱 인기가 예전 같지 않죠.

　복싱 중계를 안 해 주잖아. 스타가 없으니 중계가 안 붙고, 그러니 스폰서도 줄고, 관중도 주는 악순환이 되는 거지. 솔직히 후배들한테 미안하지만 요즘 복서들은 정신력에서 뒤지고 운동량도 적어요. 우리 세대처럼 운동시키면 안 하는 게 아니라 못해요. 다 도망가불지.

현역 때 다섯 번 졌는데, 다시 붙어도 못 이기겠다 싶은 상대가 있나요.

　없어요. 나 스스로한테 진 거니까. 모두 체중 조절 실패 때문이지요. 나는 시합 앞두고 12~13kg을 뺐어요. 큰 경기 몇 번 이기고 해이해지면 반드시 감량에 실패합니다. 그러면 몸이 무겁고 똑같이 맞아도 회복이 느려요. 내가 오벨메이야스(베네수엘라)한테 두 번 졌는데 두 번째는 6회 버팅(머리 받기) 반칙으로 앞

니 5개가 날아갔어요. 그래도 체중 조절만 잘했으면 안 졌을 겁니다.

복싱을 배우려는 젊은이에게 해 주고 싶은 말은.

"건강과 다이어트에 복싱만 한 게 없어요. 그렇게 즐기세요. 그게 아니라 프로 선수가 되겠다면 복싱을 천직으로 알고 '이거 아니면 다른 길이 없다'고 생각하고 권투에만 미쳐야 돼요. 나도 득구도 그렇게 했어요. 그게 진정한 헝그리 정신이죠."

그가 사진 촬영을 위해 샌드백을 가볍게 치기 시작했다. 영화 속 김득구의 대사가 떠올랐다. "권투만큼 정직한 경기도 없어. 너 팔 세 개인 사람 봤어?"

김득구 유복자는 치과의… 2011년 엄마와 함께 맨시니 만나

김득구가 맨시니에게 도전할 당시 약혼녀 이영미 씨는 사내아이를 임신한 상태였다. 아버지를 보지 못한 아들 A 씨는 잘 자라 지금은 치과의사를 하고 있다. 2011년 1월 중앙SUNDAY에 실린 미국 현지 인터뷰에서 맨시니는 "매년 11월 13일에는 김득구와 그의 가족들을 위해 기도한다"고 말했다. 아들이 치과대학에 다닌다고 기자가 알려주자 "정말 잘됐다. 반갑고 고맙다. 언젠가 꼭 한 번 만나보고 싶다"고 했다. 맨시니는 샌타모니카에서 영화 제작자로 일하고 있다. 영화 「챔피언」 촬영팀이 미국 현지 로케를 갔을 때 맨시니가 도움을 주고 조언도 했다고 한다.
바라던 대로 맨시니는 김득구의 가족과 2011년 6월에 만나게 된다. 미국의 전기작가 마크 크리걸이 집필한 『레이 맨시니 전기』 출판이 계기가 됐다. 서울에 온 크리걸은 A 씨를 만나 맨시니가 초대하고 싶어 한다는 뜻을 전했다. A 씨는 "인제야 제 인생이 이어지는 것 같아요. 생각의 끈으로. 아버지의 마지막 경기를 봤는데, 30년 전에 엄마 배 속에 있던 나를 위해 열심히 싸웠구나. 아버지가 어머니를 정말 사랑하셨구나… 가슴 깊이 느꼈어요"라고 말했다고 한다.
샌타모니카에서 A 씨를 만난 맨시니가 먼저 입을 열었다. "자네를 만나고 싶었다네. 그런데 막상 만나니 무슨 말부터 해야 할지 모르겠네…." 몇 초의 정적이 흐른 뒤 "어머니부터 소개해 드릴게요"라며 A 씨가 어머니 이영미 씨를 가리켰다. 이 씨가 고개 숙여 인사하자 맨시니의 눈에 눈물이 고였다. 그리고 말했다. "이제 제가 비로소 편한 마음으로 살 수 있을 것 같습니다."

"임자, 자신 있어?"
박통이 밀어준 복싱 첫 세계챔프
김기수
(1939~1997)

1966년 6월 25일 서울 장충체육관. 세계권투협회(WBA) 주니어 미들급 챔피언 니노 벤베누티(이탈리아)와 도전자 김기수의 타이틀 매치가 열렸다. 박정희 대통령을 위시해 6500여 명의 관중이 체육관을 입추의 여지가 없이 메웠다. 공동 대회장은 대통령 실세였던 차지철 의원과 포항제철 설립자 박태준 회장이었다.

1966년은 북한이 잉글랜드 월드컵에서 박두익을 앞세워 8강에 오른 해다. 자존심이 상한 박 대통령은 "우리도 세계 정상에 갈 만한 종목이 없나"라고 다그쳤다. 권투의 동양챔피언 김기수가 가장 근접하다는 차지철의 보고를 받은 박 대통령은 김기수를 청와대로

한국 프로복싱 1, 2, 3대 세계챔피언 김기수, 홍수환, 유제두(오른쪽부터). [사진 김기수기념사업회]

부른다. "임자, 자신 있어?" "각하, 젖 먹던 힘까지 다하겠습니다." 챔피언은 원정 방어전 대가로 무려 5만 5000달러의 파이트머니를 불렀다. 1인당 소득 200달러 시절, 그 돈을 정부가 지급 보증해 대결은 성사됐다. 김기수는 치고 클린치하는 지능적인 전술로 2-1(72-69, 68-72, 74-68) 판정승을 거두며 대한민국 첫 세계챔피언이 됐다.

북청 출신… 1·4 후퇴 때 여수 정착

김기수는 억척스러운 '북청 물장수'로 알려진 함경남도 북청 출신이다. 1·4 후퇴 때 돛단배를 타고 남쪽으로 내려왔다. 전남 여수에 정착해 중학교 때 복싱 선수가 됐다. 다부진 체격과 강인한 정신력, 왼손잡이라는 이점이 보태져 승승장구했다. 서울 성북고(현 홍익사대부고)에 스카우트됐고, 1958년 도쿄 아시안게임 웰터급에서 금메달을 땄다. 1964년 로마 올림픽 8강전에서 아마추어 통산(87승 1패) 유일한 패배를 기록했는데 상대가 바로 벤베누티였다.

올림픽 금메달을 딴 벤베누티는 프로로 전향해 자국 라이벌 산드로 마징기를 꺾고 WBA 챔피언이 됐다. 그가 가벼운 마음으로 원정을 왔다가 김기수에게 벨트를 뺏긴 것이다. 김기수는 1968년 5월 이탈리아 밀라노에서 마징기와 3차 방어전을 벌였다. 잘 싸웠지만 홈 텃세를 이기지 못하고 판정패, 타이틀을 잃었다. 통산 49전 45승(16KO) 2무 2패 전적을 남기고

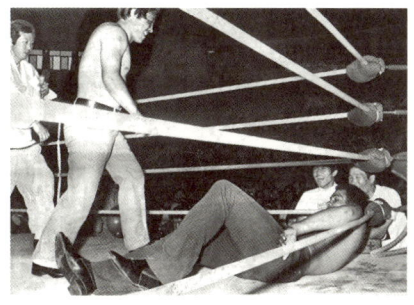

1976년 알리 방한 때 김기수가 링에 올라 알리와 이노키의 대결을 재연하고 있다.

1969년 9월 미련 없이 글러브를 벗었다.

은퇴 후 김기수는 폭넓은 인맥과 짠돌이 정신으로 사업가로 성공했다. 매 맞아 번 돈을 잘 굴려 명동에 4층짜리 빌딩을 사고 1층에 '챔피언다방'을 열었다. 국내외 권투인들과 일반 손님들로 다방은 흥성했다. 슬하에 2남 2녀를 둔 김기수는 1996년 9월 간암 판정을 받았고 이듬해 6월 10일 세상과 이별했다. 58세 한창 나이였다.

챔피언다방이 있던 건물은 2015년 헐리고 10층짜리로 다시 세워졌다. 이름은 그대로 챔피언빌딩. 2, 3층에 스타벅스가 입점해 있다. 이 건물을 관리하는 (주)챔피언상사 이기현 대표는 김기수의 제자이자 김기수기념사업회 대표도 맡고 있다. 그는 이곳에 김기수를 포함한 역대 챔프들의 자료를 모아 한국권투박물관을 만들 계획을 갖고 있다. "선생님은 구두쇠 소리를 들을 정도였지만 힘든 복싱 후배들을 남몰래 정말 많이 도와주셨어요. 그래서 아직도 복싱계 큰 어른으로 존경받고 계신 겁니다"라고 그는 회고했다.

김기수와의 인연은?

"제가 천호상고에 적을 두고 신설동에 있는 권일체육관에서 운동을 했는데 거기서 선생님 지도를 받았죠. 시골서 상경해 피 냄새 올라오는 링 바닥에서 몇 달을 잤는데 선생님이 명동에 잠자리를 마련해 주셨어요. 대학(강남대 부동산학과)도 선생님 권유로 다녔고, 학비도 지원해 주셨죠. 주말에는 챔피언다방에서 아르바이트해서 생활비도 벌었습니다."

다방이 그렇게 잘됐나요?

"주말에는 서빙하는 사람만 20명에 주방에 남자만 6명이었어요. 커피 한 잔에 350~400원 할 때 하루 100만 원 매상을 올렸으니 지금 기준으로 1000만 원

이상이죠. 복싱 관련 트로피, 메달 같은 걸 전시했는데 그것도 볼거리였고, 일본에서도 많이 찾아왔죠. 돌아가신 김득구 선배님이 요 앞에서 밤에 포장마차를 했어요. 선생님이 냄새 나는 어물 씻도록 주방도 내주시고 매상도 많이 올려주셨습니다."

형편 어려운 후배들 일일이 챙겨줘

김기수는 어떤 선수였나요.

"힘은 타고났고 집념이 워낙 강해 한번 계획 세운 건 꼭 해내는 분이셨어요. 왼손잡이에다 복부 공격도 잘했고요. 펀치력을 키우기 위해 산에 다니면서 해머로 나무 밑동을 내려치는 훈련을 하셨습니다. 그걸 박종팔 같은 후배들이 따라 했죠."

알리와 맞붙는 사진도 있네요.

"무하마드 알리가 1976년 6월 도쿄에서 프로레슬러 안토니오 이노키와 세기의 대결을 벌인 뒤 서울을 찾아 팬 미팅을 했어요. 그때 장내 아나운서가 '우리나라에도 챔피언이 있다'며 즉석 맞대결을 부추겼죠. 선생님이 웃통을 벗고 링에 올라 알리와 스파링 비슷하게 한 겁니다."

너무나 갑자기 돌아가셨죠.

"1996년에 간암 판정을 받았는데 수술은 안 하고 치료만 받으셨어요. 다 나았다고 생각하셨는지 활동을 열심히 하셨죠. 선생님이 프로 수준으로 골프를 잘 치셨는데 그날도 골프 끝나고 사우나에서 목욕하시다가 몸이 안 좋다며 세브란스병원으로 직접 찾아가셨어요. 그런데 바로 혼수상태가 오고 그날 돌아가신 거죠. 저희는 너무 놀라고 당황해서 '의료사고 아닌가' 생각도 했어요."

챔피언빌딩은 고인의 두 아들 공동 명의로 돼 있다. 이곳에서 나오는 수입으로 김기수기념사업회는 유망주 장학금, 동양타이틀 획득 시 격려금 등을 지급하고 있다. 이 대표는 "이곳을 대한민국 권투의 메카로 만들고 싶습니다. 자료를 잘 정리해 무료로 개방하고, 큰 경기가 열리면 조인식과 계체량 등 이벤트도 하는 거죠"라고 말했다.

골프에는 박세리 키즈, 야구에는 박찬호 키즈가 있다. 한국 복싱의 황금기를 열었고, 온 국민의 가슴을 뛰게 했던 챔프들도 김기수를 보며 꿈을 키운 '김기수 키즈'다.

홍수환 "김기수 선배님 좋아 목욕탕까지 따라갔죠"

'원조 김기수 키즈'는 4전 5기 신화의 주인공 홍수환(한국권투위원회 회장)이다. 홍수환은 평안남도 신의주 출신으로 김기수와 같은 실향민이다. 김기수가 세계챔피언이 돼 카퍼레이드를 하는 모습을 보면서 홍수환은 챔피언의 꿈을 꾼다.

홍 회장은 "어릴 적 어머니가 참고서 사라고 준 돈으로 김기수 선수 시합을 보러 갔어요. 링사이드에서 보다가 김기수 선수가 이기면 쫓아가서 종아리 막 만지고 그랬죠. 선배님이 운동하시던 을지로 한국체육관에 구경 갔다가 운동 끝나면 은성탕이라는 목욕탕까지 따라갔다니까요"라고 옛날을 회상하며 웃었다.

홍 회장은 김기수 패밀리와의 인연도 소개했다. "1974년 아널드 테일러와 세계 타이틀 매치 하러 남아공 가기 며칠 전이었어요. 정동

MBC 방송국 있던 자리에 빵집이 하나 있었어요. 빵을 사서 먹고 있는데 한 여고생이 나를 빤히 쳐다보면서 '아저씨, 홍수환 선수 맞죠? 우리 아빠가 김기수예요' 이러더라고요. 세계 타이틀 매치 하러 가는데 챔피언 딸을 봤으니 좋은 징조라고 생각했죠."

예감대로 홍수환은 아널드 테일러를 네 번이나 다운시키며 챔피언에 오른다. 1966년 김기수에 이어 8년 만에 나온 대한민국 두 번째 세계 챔피언이었다.

홍 회장은 "생전에 선배님과 가장 친한 사람이 저였어요. 김기수기념사업회를 중심으로 사분오열된 한국 권투가 하나로 모여야 합니다. 김기수배 대회만 열어도 침체된 복싱계에 큰 도움이 될 것 같아요"라고 말했다.

"조선인" 밝힌 뒤 의문사…
'미국 악당' 잡는 레슬링 영웅
역도산
(1924~1963)

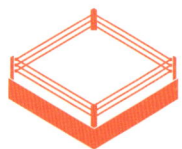

　力道山. 이 한자를 일본인은 '리키도잔'이라고 읽고, 남북한에선 각각 역도산과 력도산이라고 달리 읽는다. 이 고유명사를 읽을 때 동북아 3국 국민이 떠올리는 정서와 느낌은 다르다. 일본의 사회학자 이타가키 류타는 논문 '동아시아 기억의 장소로서 力道山'(「역사비평」 2011년 5월호)에서 '역도산이라는 인물에는 일본인·조선인·한국인으로서의 국민성 또는 민족성이 부여되고 투영되었다'는 논지를 펼친다. 각기 다른 발음으로 불리는 역도산 안에 일본의 식민지배, 미국에 대한 일본인의 감정, 민족차별, 태평양전쟁, 냉전과 탈냉전의 동아시아 역사가 얽혀 있다는 것이다.

　김신락(金信洛·역도산의 본명)은 1924년 함경남도 홍원군에서 태어났다. 타고난 씨름꾼이었던 그는 요코즈나를 꿈꾸며 일본으로 건너가 스모계에 뛰어든다. 그러나 일본인들의 질시와 차별에 시달리다 스모 선수의 상징인 존마게(일본식 상투)를 스스로 잘라버린다. 당시 일본에서 태동기였던 프로레슬링에 투신한 역도산은 하와이에서 1년간 수련한 뒤 귀환한다.

패전 시름 깊었던 일본인들 대리만족

역도산이 일본의 영웅으로 떠오른 건 1954년 2월 샤프 형제와의 대전이었다. 스모 출신인 역도산과 유도 선수 출신인 기무라 마사히코가 팀을 이뤘다. '일본인 몸통만 한 허벅지, 식빵을 집어넣은 듯한 팔 근육에 가슴과 배에도 텁수룩한 털이 난' 괴물로 묘사된 샤프 형제는 태평양 전쟁에서 일본을 때려잡은 미국인의 전형이었다. 역도산은 스모 기술에서 원용한 가라테 촙(일본식 당수)을 휘둘러 이들을 무릎 꿇렸다. 일본인들은 환호했고, 감격에 겨워 눈물을 흘리기까지 했다. '쇼맨'이 만든 완벽한 대리만족이었다. 역도산은 이후 반칙을 일삼는 미국 악당을 응징하는 정의의 주먹이 됐다. 역도산의 경기는 당시 막 보급된 흑백 TV로 방영돼 일본인들의 절대적인 인기를 얻었다. "천황 다음 역도산"이라는 말이 나올 정도였다.

'미국을 응징하는 일본 영웅' 캐릭터인 역도산이 조선인이어서는 안 됐다. 역도산은 철저히 일본인으로 행세했다. 출생지는 나가사키로 바뀌었고, 가계(家系)와 소학교 시절 영웅담도 꾸며졌다.

하지만 스모계와 재일 조선인 사이에서는

팔꺾기 기술로 미국 선수를 공격하는 역도산.

역도산이 조선인이라는 사실이 '공공연한 비밀'이었다고 한다. 영화 「역도산」에는 고향 친구 식당에 역도산이 밤에 몰래 찾아와 불고기를 먹고 가는 장면이 나온다.

일본 프로레슬링계를 평정하고 사업 성공으로 거부가 된 역도산은 드디어 '커밍아웃'을 한다. 1963년 1월 8일 전격 방한을 한 것이다. 박정희 '혁명정부'가 급히 진행하던 한·일 국교 정상화 협상에 역도산이 모종의 역할을 맡았을 것으로 여겨진다. 역도산은 기자회견에서 "20년 만에 모국을 방문하게 되어 감개무량합니다. 긴 시간 일본어만 사용했기에 한국어는 전혀 못 합니다"고 말한다. 사석에서는 한·일 국교 정상화 핵심 이슈였던 '대일 청구권 금액'과 관련해 "만약 일본이 청구권 액수를 깎는다면 이케다 총리를 이 주먹으로 갈길 용의가 있다"고 농담을 했다고도 한다.

"대일 청구권 액수 깎으면 주먹 갈길 것" 농담

북한에서 '력도산'에 대한 존경과 대접은 상상 이상이다. 북한에 역도산이 알려지게 된 것은 1960년대 재일동포 북송 사업으로 북한에 간 사람들의 구전(口傳)과 이들이 가져간 영화 등을 통해서였다. 김일성 주석은 '미제'를 혼내주고 '일제'에도 조선민족의 혼을 담은 된주먹을 휘두른 역도산을 높이 평가한다며 '렬사증(烈士證)'을 수여한다. 역도산은 김일성의 생일에 벤츠를 선물하고, 1964년 도쿄 올림픽 때 북한 선수단의 체류 경비를 대겠다고도 했다.

자신의 민족적 정체성을 드러낸 1963년 겨울, 역도산은 의문에 싸인 죽음을 맞는다. 역도산은 도쿄 아카사카의 나이트클럽에서 야쿠자 소속

원과의 시비 끝에 칼을 맞는다. 다행히 상처가 깊지 않아 수술은 잘 끝났으나 복막염으로 2차 수술 후 숨을 거둔다.

이노키 "가스 나오기 전 음료 마신 게 치명적"

역도산의 문하생 중 두각을 나타낸 레슬러로는 안토니오 이노키, 김일, 자이언트 바바 등이 있다. 특히 은퇴 후 정치인으로 변신한 이노키는 스승에 대한 존경심이 남달라 북한에 32번이나 갔다 왔고 북한 정·관계 인사들과 친분을 쌓았다. 그가 주도해 만든 이벤트가 1989년 평양 세계청년학생축전이다. 당시 한국외국어대생 임수경이 참가해 김일성 주석을 만났다.

2018년 6월 도쿄 참의원 의원회관에서 이노키 의원을 만나 역도산의 죽음에 대해 궁금한 점을 물었다. 그는 "스승님은 술버릇이 좋은 편이 아니어서 자주 시비가 붙곤 했다. 그날도 화장실에 가면서 어깨가 부딪힌 야쿠자를 때리면서 사건이 벌어졌다. 깔아뭉개고 때리는 과정에서 야쿠자가 빼든 칼에 가볍게 찔렸고, 상처가 깊지 않아 대수롭지 않게 생각했다고 한다"고 말했다.

이노키 의원에 따르면 역도산은 워낙 힘이 좋아 조금만 움직여도 상처를 꿰맨 부분이 터져버려 다리를 붙잡고 있지 않으면 안 됐다고 한다. 역도산의 죽음에 대해 아직도 많은 의혹과 음모론이 나돈다고 하자 그가 말했다.

2018년 6월 만난 안토니오 이노키 의원이 역도산의 죽음에 얽힌 얘기를 들려주고 있다. [사진 정영재]

"칼을 맞은 다음 날 입원한 병원이 산부인과여서 외과적인 조치가 미흡했다. 혈압이 떨어졌을 때 쓰는 약조차 없었다. 또 수술 뒤 가스가 대장을 지나 몸 밖으로 배출돼야 하는데 그전에 녹차인지 주스인지를 마신 게 결정적인 사인이었다고 한다. 그것을 누군가 마시게 했다는 얘기도 있다."

 이노키 의원을 만나기 전날, 도쿄 남쪽 혼몬지(本門寺)라는 절에 있는 역도산 묘소를 찾았다. 팔짱을 낀 역도산의 청동상이 버티고 있었다. 거기서 만난 일본인 노신사가 말했다. "리키도잔와 와레와레노 히-로(역도산은 우리들의 영웅이었다)."

설경구 체중 28kg 불리고 일본어 완벽했지만…
한·일 합작 영화 「역도산」 흥행 참패

2004년 송해성 감독이 연출한 영화 「역도산」이 개봉했다. 설경구가 역도산 역을 소화하기 위해 5개월 만에 체중을 28kg이나 불리고, 대사의 95%를 차지하는 일본어를 완벽하게 익혔다. 레슬링 경기 장면에서 설경구는 한 번도 특수 장비나 대역을 쓰지 않고 역도산의 주특기인 가라테 촙, 헤드록, 드롭킥 등을 해냈다.

「역도산」은 처음부터 일본 시장을 염두에 두고 한·일 합작 프로젝트로 기획됐다. 「쉬리」 「공동경비구역 JSA」 「태극기 휘날리며」처럼 한국전쟁을 소재로 한 영화가 일본에서 성공했고, 「역도산」은 일본인들의 영웅 이야기를 다뤘기 때문에 일본에서는 더욱 승산이 있다고 봤다.

그러나 영화는 한국과 일본에서 흥행에 참패했다. 국내에서는 누적 관객 140만 명을 넘기지 못했다. '역도산은 보이지 않고 설경구만 보인다' '뭔가 잔뜩 보여주려 했지만 제대로 보여준 건 없는 영화'라는 평이 따랐다.

평론가들은 '한국인도 일본인도 아닌 역도산'을 그려내는 바람에 양국 모두에서 호응을 얻지 못했다고 평가한다. 또 하나의 흥행 참패 이유는 레슬러임과 동시에 쇼 비즈니스맨이었던 역도산의 일대기를 그려내자니 야쿠자·북한·우익 등 미묘한 사안들을 건드려야 했다는 거다. 역도산이 죽은 지 40년이 넘었어도 일본 사회에서 이들은 여전히 영향력을 행사하고 있었다. 역도산을 찌른 야쿠자도 당시에는 살아 있었다. 이들을 의식하다 보니 리얼리티가 떨어질 수밖에 없었다는 것이다.

임종 전
"내 머릿속 큰 돌멩이 좀 빼줘"
호소한 박치기왕 김일
(1929~2006)

'박치기왕' 김일이 태어나고 묻힌 곳은 전남 고흥군 거금도다. 한반도 남단에 고구마처럼 불쑥 튀어나온 고흥반도, 그 아래 국내 일곱째로 큰 섬 거금도가 있다. 한센인들의 눈물과 희망이 서린 소록도를 거쳐야 거금도로 들어갈 수 있다. 지금은 고흥반도-소록도-거금도가 연륙교로 연결돼 있다.

#반칙왕#은행원#송강호

김일기념체육관에 도착하자 백종호 관장이 반갑게 맞았다. 그는 송강호가 주연한 영화 「반칙왕」의 실제 모델이다. 영화에서는 무기력한 은행 직원 송강호가 상사의 폭력(헤드록)에 대처하기 위해 레슬링 도장을 찾는다. 하지만 한 일은행(현 우리은행) 직원이었던 백종호는 1972년 예금 유치를 위해 김일 관장을 찾아갔다가 레슬링에 입문하게 된다. 고향 후배이자 씨름 선

김일의 박치기 사진 앞에서 스승과 얽힌 얘기를 들려준 백종호 관장. [사진 정영재]

수 출신인 백종호가 레슬링을 해보고 싶다고 하자 김일은 "몸부터 만들게"라며 헬스클럽을 소개해준 뒤 해외로 나가 버린다.

 백 관장은 "은행에 다니면서 새벽과 밤에 피눈물 나는 노력을 했어요. 6개월 뒤에 선생님이 돌아오시자마자 저한테 박치기 한 방을 먹이시는 겁니다. 눈에서 불꽃이 번쩍 튀었죠. 보통 레슬링 지망생들이 선생님 박치기 한 방 맞으면 다음 날 안 나오는데 저는 꿋꿋하게 버텼습니다. 덕분에 박정희 대통령의 하사금 3억 5000만 원을 예치할 수 있었죠"라고 회고했다. 그는 은행에서도 지점장까지 승승장구했고, 프로레슬러로 뛰면서 통산 112전 55승 57패를 기록했다.

 박정희 대통령이 "고향 거금도에 전기가 들어오게 해주십시오"라는 김일 선수의 부탁을 들어줘 제주도를 빼고 국내 섬으로는 처음으로 전기를 가설한 게 1968년이었다. 1975년에는 서울 정동에 김일체육관을 지어줬다. 지금은 사라진 문화체육관이다.

 김일은 2006년 10월 26일 숨을 거둘 때까지 10년 이상을 서울 을지병원에서 지내며 병마와 싸웠다. 스승의 곁을 지킨 백 관장은 "운명하시기 이틀 전에 '백 군아, 나 머릿속에 큰 돌멩이가 있는데 그거 좀 빼주라'고 하셨어요. 그게 스승과의 마지막 대화였죠"라고 회상했다.

#역도산#밀항#필살기

김일기념체육관에는 선생의 유품과 일대기를 정리한 전시실이 있다. 김일은 어릴 적부터 기골이 장대했고 힘이 남달랐다. 씨름 대회에서 우승해 송아지를 끌고 오기도 했다. 당시 일본에는 함경남도 출신 역도산이 레슬링계를 주름잡으며 선풍적인 인기를 끌고 있었다. 역도산을 동경한 김일은 부산에서 열린 씨름 대회에 출전했다가 밀항을 감행한다. 경찰에 잡혀 1년형을 선고받은 김일은 구치소에 들어간 날부터 역도산에게 자신을 제자로 받아달라는 편지를 하루도 빼놓지 않고 보낸다. 김일의 정성에 감복한 역도산은 그를 1기 문하생으로 받아준다. 208cm의 거한 자이언트 바바와 정치인으로 변신한 안토니오 이노키가 김일의 동기생이다.

역도산은 김일에게 혹독한 수련을 시켰고, 이북에서 필살기로 통하던 박치기를 전수했다. 이마에 피가 나도록 머리를 나무에 문지르고, 몇m 밖에서 뛰어와 벽에 부딪히게도 했다. 모진 훈련을 이겨낸 김일은 1963년 세계챔피언에 오르며 전성기를 연다.

1965년 김일이 돌아오면서 한국 프로레슬링은 중흥기를 맞는다. TBC(JTBC의 전신)의 흑백 화면으로 중계된 프로레슬링은 온 국민의 거의 유일한 오락이었다. 김일이 반칙을 일삼던 일본 선수를 박치기 한 방으로 눕히는 순간 전국은 박수와 환호성으로 들썩였다.

1974년 10월 김일과 이노키의 맞대결 장면.

#진돗개#일제#부끄러움

　김일체육관 입구에는 김일 부부를 모신 묘와 공적탑이 있다. 공적탑 옆에 진돗개 한 마리를 새긴 동상이 눈길을 끈다. 사연은 이렇다.
　김일의 어린 시절, 자신을 유독 잘 따르던 진돗개가 있었다. 일제가 군용 방한복을 만든다며 개들을 잡아갔다. 일본 순사의 강압에 못 이겨 진돗개의 목에 줄을 걸어 순사에게 넘겨준 김일은 하염없이 울었다. 그런데 개 죽이는 다리로 끌려간 진돗개가 1시간 만에 탈출해 김일의 품에 안긴 것이다. 그 일을 평생 부끄러워하던 김일은 1994년 10월 비석을 세워 진돗개에게 바쳤다. 비문 내용 일부를 소개한다.
　'일본 순사에게 끌려가는 나의 친구 진돗개를 바라보기만 했을 뿐 끝까지 지켜주지 못했던 그 일은 오늘도 한없이 울고 싶어지는 나와 우리 민족 모두의 한과 비애로 남아 있습니다. (중략) 다시는 이 땅에 풀 한 포기, 개 한 마리도 외세에 희생되는 일이 없기를 바랍니다.'

#30억원#배구장#스토리텔링

　김일기념체육관은 2012년 고흥군 금산면민들과 출향 인사들의 모금으로 세워졌다. 대지 매입과 체육관 건립에 약 30억 원이 들어갔다고 한다.
　체육관은 배구 코트 두 개가 나올 정도로 넓다. 실제로 가운데 배구 네트가 설치돼 있었다. 체육관은 주로 동네 청년들이 배구와 족구를 하는 용도로 쓰인다. 수도권 배구·농구팀이 전지훈련을 오기도 한다. 프로레슬링 경기는 딱 두 차례 열렸다. 김일이 일본에서 뛰었던 링도 해체해서 가져왔지만 아직 복원이 안 되고 있다.

체육관에서 차로 10분 정도 떨어진 녹동항에는 김일의 둘째 딸인 김순희 씨와 사위 박순오 씨가 산다. 박 씨는 장인의 사업을 도와주기 위해 서울에서 내려와 고향에 자리를 잡았다. 박 씨는 "장인은 은퇴 후 고흥의 수산물을 일본에 수출하는 사업을 했는데 귀가 얇아 큰 재미를 못 봤다. 그렇지만 늘 베푸는 분이어서 고향 분들의 절대적인 추앙을 받고 있다"고 말했다. 그는 "그분에 대한 사람들의 기억이 더 흐려지기 전에 지자체에서 좀 더 세심하게 스토리텔링을 해주면 좋겠다"고 부탁했다.

수제자 이왕표가 본 김일 선생

김일의 수제자이자 그를 가장 가까이서 모신 사람은 고(故) 이왕표 한국프로레슬링연맹 대표다. 프로레슬링 세계챔피언 출신인 이 대표는 2013년 담도암 수술을 받았고 2015년 은퇴식을 했다.

2018년 1월 통화한 이 대표는 그해 9월 4일 타계했다. "현역 시절 몸을 너무 혹사했고, 힘을 키우기 위해 육류 위주로 식생활을 한 게 암의 원인이 된 것 같다"고 말했다. 그는 "선생님도 박치기 후유증으로 뇌혈관 질환을 앓았고, 목 뒤쪽 척추도 눌려 고생을 많이 하셨다"고 했다.

이 대표는 스승의 박치기에 대해 "제대로 받히면 안 넘어가는 선수가 없었다. 링을 지탱하는 코너 포스트(쇠기둥)를 받으면 기둥이 '딩~' 하고 울릴 정도로 엄청난 위력이 있었다"고 회고했다. 김일은 "나도 박치기를 하기 싫다. 팬들이 원하니까 하는 거다. 박치기 한 번 하면 머리에서 종소리가 난다"고 말했다고 한다.

종합격투기 UFC에서는 박치기를 금지하고 있다. 이 대표는 "프로레슬링에서도 원래 박치기는 반칙이다. 그런데 상대에게 치명적인 부상을 입히지 않을 정도의 반칙은 허용하기 때문에 박치기를 할 수 있었던 것"이라고 말했다.

김일이 '30세 종합격투기 선수'로 환생한다면 어떻게 될까. 이 대표는 "박치기를 하지 않고도 UFC를 석권하실 것 같다"며 "스승님과 우리가 했던 프로레슬링이 종합격투기의 원조다. 상대를 보호하기 위해 주먹을 쓰지 않고, 기술이 들어가도 로프를 잡으면 3초 안에 놔줘야 하는 등의 룰을 만든 것"이라고 설명했다.

⑰ "가난해도 꿈은 부자"
레슬링도 남 돕기도 금메달
김원기
(1962~2017)

"비전도 없고 못생기고, 아버지가 중2 때 돌아가셔서 정말 가난했던 농촌 소년이 대한민국 건국 두 번째 올림픽 금메달리스트가 됐어요. 기계공고 가고 싶었는데 가난 때문에 농고에 갔고, 1학년 때 '레슬링 하면 대학 갈 수 있다'는 얘기에 레슬링부에 들어갔지만 가장 운동 못하고 체력 떨어지는 사람이 저였어요. 그런 저에게 LA 올림픽 막차 티켓이 주어졌고, 금메달을 목에 걸고 국방부에서 내준 헬기 타고 금의환향했지요. 그런 영광을 하늘이 줬으니 살아 있는 이 순간이 너무나 감사하고 행복합니다."

"저는 자식이 없지만 부모 없는 아이 9명의 부모 역할을 하고 있어요. 얼마 전 결혼한 큰아이가 딸을 낳아 백일잔치를 했지요. 시험관 아기 시술을 아홉 번이나 한 아내에게 너무너무 미안합니다. 지금은 아내에게 정말 최선을 다해 윗분으로 생각하고 모십니다. 저는 올림픽 메달리스트들이 모인 꿈메달재단의 회장을 맡고 있습니다. 매달 한두 번 장애인 시설, 보육원, 소년원 등을 찾아 공연, 스포츠 재활 등 봉사활동을 하고 있지요. 어르신들을 위한 짜장면 봉사도 계속합니다. 함평군 레슬링협회장도 맡고 있는데요. 올림픽 금 2개를 배출한 함평에서 앞으로도 올림픽 챔피언이 나올 수 있도록 작은 힘이나마 보태고 싶습니다."

2016년 7월 13일 김원기 대표가 인터뷰에서 한 얘기들이다. 그와는 한국스포츠문화재단 이사로 함께 일하며 인연을 맺었다. 당시 인터뷰는 기사로 나가지 못했다. 언젠가 쓸 거라고 아껴놓고 있었는데 1년 뒤인 2017년 7월 27일, 비보를 접했다. '레슬링 올림픽 챔피언 김원기, 치악산 등산 도중 심장마비로 급사.' 믿기지 않았다. 누구보다 건강하고, 밝고 활기차게 사는 분이었기 때문이다.

네팔 휴먼스쿨 짓는 데도 앞장

전남 함평농고(현 함평골프고) 출신인 김원기는 1984년 LA 올림픽 레슬링 그레코로만형 62kg급에서 금메달을 땄다. 대회 6일 전 당한 발목 부상을 딛고 결승에 오른 김원기는 요한손 켄톨레(스웨덴)와 3-3으로 비겼으나 '큰 기술 우선' 룰에 따라 극적으로 승리를 거둔다. 양정모(1976년 몬트리올·레슬링 자유형)에 이어 대한민국 올림픽 사상 두 번째 금메달이자 LA 올림픽 한국 선수단의 첫 금이었다.

88 서울 올림픽 대표 선발전에서 후배이자 라이벌인 안대현에게 패한 김원기는 스물

대한민국 첫 올림픽 금메달리스트 양정모(오른쪽)가 김원기의 금메달을 만져보고 있다.

여섯 한창때 미련 없이 은퇴했다. 삼성생명에서 17년간 보험 영업 및 교육 업무를 맡아 탁월한 능력을 발휘했지만 보증을 잘못 서 빚더미에 올라앉기도 했다. 명예퇴직금으로 빚을 청산한 뒤 지자체에 자재를 납품하는 사업체를 운영했다. 특강 강사로도 이름을 날린 그는 특유의 익살스러운 표정과 말솜씨로 "나는 나를 넘어섰다. 가난했지만 꿈은 가난하지 않았다"는 메시지를 전했다. 주경야독으로 경희대에서 체육학 박사 학위도 받았다.

2020년 7월 27일, 함평 학다리고에 있는 김원기레슬링체육관에서 고인의 3주기 추모식이 열렸다. 함평은 대한민국 레슬링의 메카다. 김원기에 이어 88 서울 올림픽에서 김영남(금), 노경선(동)이 메달을 땄고, 92 바르셀로나 올림픽에서도 김종신이 은메달을 목에 걸었다. 이후 함평 레슬링은 오랜 침체기를 겪었고, 김원기 회장은 시간 날 때마다 고향에 내려와 후배를 가르치고 이들이 좋은 환경에서 운동에 전념할 수 있도록 애썼다. 그 노력의 결과로 함평중-학다리고-함평군청으로 이어지는 엘리트 레슬링부가 만들어졌고, 김원기레슬링체육관도 최근 개관했다.

이날 행사에는 산악인 엄홍길 대장, LA 올림픽 유도 금메달리스트인 하형주 동아대 교수, 복싱 경량급의 전설 장정구 챔프 등 낯익은 인물들이 참석했다. 고인의 친구인 하형주 교수는 "당시 원기는 메달 후보에도 들지 않았을 정도로 무명이었어요. 원기가 불굴의 투혼을 발휘해 첫 금을 따면서 선수단에 '할 수 있다'는 자신감이 퍼졌죠. 제가 세 번째 금메달을 땄는데 원기가 길을 열지 않았으면 제 금메달도 없었을 겁니다"고 말했다.

엄홍길 대장도 '내 동생 원기'를 추모했다. "2010년 엄홍길휴먼재단이 네팔 팡보체(4060m)에 1호 휴먼스쿨을 지을 때 원기 부부가 팡보체까지 와서 힘을 실어줬어요. 네팔 아이들한테 먼저 다가가고 스스럼없이 어울리던 동생의 모습이 눈에 선합니다."

부인 문은경 여사에게 남편이 어떤 사람이었는지 물었다. "참 선한 사람이었어요. 남에게 먼저 나누고 베풀 줄 아는 성품이었죠. '이 사람하고 살면 다른 사람한테 욕은 먹지 않겠구나' 싶었어요"라며 희미하게 웃었다.

내가 옆에서 지켜본 김원기는 너무나 착하고 고지식한 사람이었다. 그러나 융통성이 좀 부족하고 화가 나는 일이 있어도 속으로 삭이는 성격이었다. 문 여사는 "그이가 받는 스트레스는 대부분 다른 사람 고충이나 민원을 들어주는 데서 온 거였어요. 자신이 해결할 수 없는 부탁을 받고 다른 분에게 또다시 부탁해야 하니 스트레스에 상처도 받았지요. 옆에서 보기 안타까워서 '그냥 모른 체하면 안 되냐'고 해도 끝까지 하려다 보니 본인의 삶이 너무 힘들었던 거죠"라고 말했다.

경험 없이 뛰어든 사업을 하면서 겪은 어려움, 남 도와주기 위해 백방으로 뛰다가 받은 스트레스가 '레슬링 올림픽 챔피언'의 심장까지 정지시킬 정도였을까. 문 여사에게 사고 당시 상황을 들었다.

"원주 치악산 근처 지인의 집에서 아침을 간단히 먹고 등산을 시작했어요. 정상 직전 쉼터에서 물과 간식을 먹고 출발했는데 갑자기 '어지럽다'며 쓰러졌어요. 등산하던 분들이 몰려와 심폐소생술을 했고, 저는 119에 신고를 했는데 구조 헬기 두 대가 모두 수리 중이라는 겁니다. 남양주에서 헬기가 도착하기까지 1시간 정도 걸렸는데 그때 골든타임을 놓친 거죠. 남편을 헬기에 실어 보내고 저는 걸어 내려와 병원에 도착했는데, 영안실로 안내하는 겁니다."

헬기 늦게 도착, 골든타임 놓쳐

전조(前兆)가 전혀 없었기에 더욱 받아들이기 힘든 죽음이었다. 사고

열흘 전에 1박 2일 일정으로 건강검진을 했는데 고지혈증이 좀 있다고 해서 약을 받아온 것밖에 없었다고 한다.

문 여사에게 '김원기 정신'이 뭐냐고 묻자 "섬김과 나눔"이라는 답이 돌아왔다. "한 살만 많아도 형님으로 깍듯이 모시고, 나이 어린 후배에게도 함부로 하지 않았어요. 한국 레슬링의 침체가 길어지고 함평에서 좋은 선수가 나오지 않는 걸 늘 안타까워했지요. 남편의 뜻이 열매를 맺어서 좋은 체육관과 팀이 만들어졌으니 김원기를 뛰어넘는 후배가 나오고, 레슬링이 생활 스포츠로도 더욱 활성화되면 좋겠어요."

효자 종목 레슬링, 기업 지원 끊기고 올림픽 퇴출 소동에 쇠락

레슬링은 올림픽 효자 종목이었다. 건국 후 1호(양정모), 2호(김원기) 금메달이 레슬링에서 나왔다. 한국은 올림픽 레슬링에서 모두 11개의 금메달을 땄고, 은 11개, 동 13개를 보태 총 35개의 메달을 수확했다. 그레코로만형(상반신만 공격할 수 있는 종목) 스타 심권호는 1996년 애틀랜타에서 48kg급 우승을 차지한 뒤 2000년 시드니에서는 54kg에서도 금메달을 따냈다. 그러나 한국 레슬링은 2016년 리우에서 동 1개의 초라한 성적을 냈고, 지금도 세계 정상권 선수가 잘 보이지 않는다. 대한레슬링협회는 1983년부터 삼성그룹의 지원을 받으며 쾌주했으나 2011년 삼성

1984 LA 올림픽에서 멕시코 선수를 공격하는 김원기.

이 손을 떼면서 재정 압박에 시달렸다. 또 레슬링이 2013년 국제올림픽위원회(IOC)로부터 퇴출 명령을 받았다가 가까스로 살아남는 과정에서 스포츠 유망주들이 레슬링을 기피하게 됐다. 안한봉 전 대표팀 감독이 개발한 '사점(死點) 훈련'(죽음 직전까지 몰아붙이는 방식)으로 대표되는, 스파르타식 훈련을 받아낼 만한 선수도 많지 않다.

    레슬링이 효자 종목의 위상을 회복하려면 모두가 즐기는 생활 스포츠로 자리 잡고 그 속에서 유망주를 발굴하는 시스템을 갖춰야 한다는 목소리가 높다. 하형주 동아대 교수는 "인체에는 206개의 뼈와 약 700개의 근육이 있다. 이 뼈와 근육을 하나도 빠짐없이 사용하는 종목이 레슬링이다. 선진국에서는 레슬링을 정규 교과목으로 편성해 체력과 정신력을 키워준다"고 말했다.

4장
혼자 싸운 철인

일본인 우승자에 축전, 평화·용서 일깨운 마라톤 영웅
손기정
(1912~2002)

'마라톤 영웅' 손기정을 '죽은 철인의 사회'에 모시지 못한 게 늘 마음에 남아 있었다. 내가 2013년 이길용체육기자상 수상자라서 더 그랬던 것 같다. 이길용체육기자상은 1936년 베를린 올림픽에서 손기정이 우승할 당시 일장기를 지운 사진을 신문에 실어 큰 고초를 당한 동아일보 이길용 기자의 정신을 기리는 상이다.

얼마 전 출판사 '귀거래사' 김연빈 대표가 보낸 이메일을 받았다. 김 대표는 일본 메이지대 명예교수인 데라시마 젠이치가 쓴 책을 번역해 『손기정 평전』을 냈다. 김 대표는 "'스포츠는 국제 연대를 심화하고, 평화로운 세계를 만든다'는 손기정 선생의 말씀을 폭력과 성적 지상주의에 물든 한국 스포츠계에 던져주고 싶다"고 했다.

김 대표가 보내준 책을 꼼꼼히 읽었다. 잘 알려지지 않았던 비화와 더불어 '스포츠를 통한 평화와 우의'라는 손기정 정신이 뚜렷하게 잡혔다.

올림픽 마라톤서 2시간 30분 벽 깨

평안북도 신의주 출신인 손기정은 어려서부터 뜀박질에 남다른 소질을 보였다. 찢어지게 가난한 집안이라 보통학교를 16세에 졸업한 뒤 육상 명문 서울 양정고보에 스카우트된다.

당시 손기정의 싸움 상대는 달리기 기록이 아니라 배고픔이었다. 그는 자서전에 "어떻게 배고픔을 이기느냐, 배고픔을 잊고 더욱 열심히 달리는 것뿐이었다. 그래도 안 되면 맹물로라도 주린 배를 채우고 또 달리는 것이었다"고 회고했다.

독지가의 도움으로 숙식을 해결한 그는 베를린 올림픽 일본 대표 선발전인 메이지신궁 체육대회에서 2시간 26분 42초라는 놀라운 기록을 세운다. 남승룡, 일본 선수 2명과 함께 손기정은 보름 이상 걸리는 시베리아 횡단 열차를 타고 베를린에 입성한다.

그런데 조선인 두 명이 출전하는 걸 참을 수 없었던 일본인 코치는 "최종 출전자 3명을 정하기 위해 7월 22일 30km 기록경기를 실시한다"고 했다. 대회를 불과 18일 남기고 거의 풀코스를 뛰게 한다는 미친 결정이었다. 그럼에도 손기정과 남승룡은 대회에 출전할 수 있었다.

8월 9일 오후 3시, 섭씨 30도의 무더위였다. 디펜딩 챔피언 사바라가 무서운 기세로 치고 나갔다. 10km 지점에서 손기정이 속도를 내자 나란히 달리던 하퍼(영국)가 "슬로우~, 슬로우~"라며 말렸다. 무더위 속에서 사바라의 속도전에 말리면 위험하다는 뜻이었다. 역시나 사바라는 30km 지점에서 넘어져 의식불명이 되었다.

31km 지점에서 하퍼를 떨쳐낸 손기정은 최후의 난관 비스마르크 언덕을 내장이 뒤틀리는 복통 속에서 넘어섰고, 스타디움에 1위로 골인했다. 마지막 100m는 12초대에 뛸 정도의 엄청난 스퍼트였다. 2시간 29분

19초 2. 올림픽 마라톤에서 처음 2시간 30분을 깬, 세계 최고기록이었다. 하퍼가 2위, 남승룡이 3위였다. 손기정은 결정적인 조언을 해 준 하퍼와 죽는 날까지 크리스마스카드로 우정을 주고받았다.

손기정이 성탄 카드로 정을 나눈 또 한 사람이 베를린 올림픽 육상 4관왕(100m, 200m, 멀리뛰기, 400m 계주) 제시 오언스였다. 둘은 아리아인의 혈통적 우위를 과시하기 위해 올림픽을 기획한 히틀러에게 한 방씩 먹였다. 흑인 오언스가 단거리 금메달을 휩쓸었고, 육상의 꽃 마라톤 우승은 동양인에게 돌아갔다. 오언스는 귀국 후 "히틀러는 올림픽 4관왕인 나와 악수하기를 거부했다. 백악관도 역시 그랬다. 올림픽에서 개선하자마자 흑인들만 사용하는 버스 뒷문에 매달려 가야만 했다"고 말했다.

베를린올림픽 시상식에서 월계수로 일장기를 가린 손기정(가운데). [사진 손기정 평전]

시상식에서 입상자들은 월계관을 썼고, 우승자는 월계수 화분을 받았다. 그리고 일본 국가 '기미가요'가 연주되고 일장기가 올라가기 시작했다. 손기정이 할 수 있는 최소한의 저항은 고개를 푹 숙이고 월계수로 가슴의 일장기를 가리는 것이었다. 훗날 남승룡은 "너는 부상으로 받은 월계수로 일장기를 가릴 수 있어서 좋았겠지만 나는 아무것도 없어서 괴로웠다"고 토로했다고 한다.

손기정은 '일장기 말소 사건'을 귀국선이 싱가포르를 지날 때 들었다고 한다. 손기정의 쾌거가 '제2의 3·1운동'으로 번질까 두려워한 일제는 그를 대중에게서 떼놓으려 갖은 수단을 썼다. 선수단이 여의도 비행장에 내렸을 때 손기정은 허리에 칼을 찬 경관과 사복형사에게 팔을 붙잡힌 채 중죄인처럼 끌려나왔다.

50년 보스턴 대회 1~3위 후배 조련

이후 손기정은 고려대 전신인 보성전문 상과에 진학했으나 일제의 탄압으로 주변 사람들까지 힘들어하자 학교를 그만둔다. 메이지대에서 그를 받아줬지만 일본 정부는 '다시는 육상을 하지 않는다'는 조건부로 입학을 허가했다. 선생은 숨지기 직전 "하코네역전(마라톤)에서 달리고 싶었다"는 말을 남겼다고 한다.

올림픽 금메달을 따고 여의도비행장에 내린 뒤 일본 경관에게 끌려나오는 손기정.
[사진 손기정 평전]

광복 후 손기정은 지도자로 변신한다. 조선마라손보급회를 결성하고 자신의 집을 합숙소로 바꿔 유망주를 조련했다. 그가 키워낸 선수가 1947년 보스턴마라톤 우승자 서윤복, 50년 보스턴 1, 2, 3위를 휩쓴 함기용, 송길윤, 최윤칠 등이었다.

한국전쟁 때문에 참가할 수 없었던 1951년 보스턴마라톤에서 일본인 다나카 시게키가 우승하자 손기정은 '다나카 군의 우승은 아시아의 우승이라고 생각하며 진심으로 축복합니다. 손 기테이'라고 쓴 축전을 보낸다. 일제에 끊임없이 탄압과 차별을 받았음에도 선생은 '한(恨)'을 넘어 큰 뜻을 펼쳤다. 스포츠를 통해 아시아가 연대하고 전쟁 없는 세상을 만드는 데 힘을 합치자는 철학이었다.

손기정은 한·일 프로야구 교류, 2002년 월드컵 한·일 공동개최에도 심혈을 기울였다. 한·일 월드컵이 성공적으로 끝난 2002년 11월 15일, 선생은 지상의 레이스를 끝냈다. 천상에서 그가 묻는 것 같다. "올림픽의 가치는, 스포츠의 참뜻은 무엇인가."

1968년 '블랙 파워 설루트' 손기정·남승룡에 영감 얻어

손기정과 남승룡이 베를린 올림픽 시상식에서 침통하게 고개를 숙인 모습은 1968년 멕시코시티 올림픽에서 재현됐다. 육상 200m에 출전한 아프리카계 미국인 토미 스미스(금메달)와 존 칼로스(동메달)는 미국 국가가 연주되는 동안 고개를 푹 숙이고 검은 장갑을 낀 손을 하늘 위로 올렸다.

훗날 '블랙 파워 설루트(Black Power Salute)'라 불린 이 장면은 흑인 차별을 방관하고 있는 세계를 향한 항의 표시였다. 은메달을 딴 호주의 피터 노먼도 두 선수를 지지하는 뜻의 배지를 달고 시상대에 올랐다.

훗날 존 칼로스는 "이 퍼포먼스는 베를린 올림픽 기록영화에 나오는 손기정과 남승룡의 모습에서 아이디어를 얻은 것"이라고 말했다.

당시 세 선수는 관중의 심한 야유에 시달렸고, IOC는 두 미국 선수를 올림픽에서 영구 추방했다. 피터 노먼도 귀국 후 호주의 인종주의자들에게 협박을 받았다.

2020년 연말 세계육상연맹 어워드에서 세 선수가 '회장상'을 수상했다. 반세기도 더 지나서 이들의 명예가 완벽하게 복권된 것이다. 『손기정 평전』을 쓴 데라시마 교수는 "너무 늦은 감이 있기는 하지만 확실히, 착실히 세계가 움직이고 있는 증거"라고 했다.

개한테 쫓기고 신발끈 풀려도 세계신 '1947 보스턴'
서윤복
(1923~2017)

'학교가 끝나면 금호동 산 넘어 장충체육관 앞 동대문까지 걸어온다. 동대문에서 옷을 벗어 '빽' 속에 넣고 영천행 전차 운전사에게 영천까지 가져다 달라고 맡기고 전차 따라 연습한다. 영천에서 옷을 받아 옆에 끼고 무악재 고개 넘어 집까지 달려온다. 이것이 나의 연습이었다' (서윤복 수기 『나의 마라톤』 중)

2017년 6월 27일 타계한 서윤복은 손기정이라는 큰 산에 가려진 한국 마라톤의 거봉이었다. 그는 1947년 제51회 보스턴마라톤에서 2시간 25분 39초의 세계신기록을 세우며 동양 선수로서 첫 우승을 차지했다. 광복 직후 궁핍과 어수선함 속에 새 나라를 만들 희망에 부풀어 있던 우리 국민에게 서윤복의 보스턴 쾌거는 큰 용기를 줬다. 서윤복은 2013년 손기정, 김성집(역도)에 이어 세 번째 '대한민국 스포츠 영웅'에 선정됐다.

서울 은평구 녹번동에서 나고 자란 서윤복은 일찍 부친을 여의고 철공소·인쇄소 등에서 견습공으로 일하며 경성상업실천학교(현 숭문고) 야간부에서 학업을 병행했다. 달리기에 소질을 보인 서윤복은 소학교 운동장에 뿌려진 '1936년 백림(베를린) 올림픽 손기정 1등, 남승룡 3등' 호외를 보고 '마라톤 왕자'의 꿈을 키웠다. 그러나 가난한 고학생이 할 수 있는 거라곤 주경야독으로 파김치가 된 몸으로 동대문에서 서대문 영천까지 전차를 따라 달리는 것뿐이었다.

1946년 손기정, 남승룡 등이 우수선수 발굴·육성을 목표로 조선마라손보급회를 결성했다. 서윤복은 손기정의 눈에 들어 돈암동 손 선생 자택에서 숙식하며 체계적인 훈련을 받게 된다. 손기정은 아침마다 장을 봐 부인과 함께 음식을 만들어 선수들을 뒷바라지했다. 그가 가장 많이 먹인 건 통닭과 새우젓이었다. 단백질과 염분 보충을 위한 것이었으니 나름대로 과학적인 식단이었다. 1년 뒤 '감독 손기정, 코치 겸 선수 남승룡, 선수 서윤복'으로 구성된 보스턴 정복대는 생각지도 않은 대박을 터뜨리게 된다.

보스턴마라톤은 우리나라와 인연이 깊다. 1947년 서윤복에 이어 50년에는 함기용, 송길윤, 최윤칠이 1, 2, 3위를 휩쓸었다. 2001년 '국민 마라토너' 이봉주가 1위로 골인하며 케냐 선수들의 대회 11연패를 저지했다.

서윤복의 1947년 보스턴마라톤 우승 순간.

2018년 서윤복의 유족은 국립체육박물관추진단에 유물 31점을 기증했다. 보스턴마라톤 우승 메달과 행운의 열쇠, 사진첩 등이 포함돼 있다. '보스턴 영웅'의 맥을 이은 이봉주 대한육상경기연맹 홍보이사를 그 자리에 초대했다.

우승하고도 배 타고 18일 만에 귀국

서윤복 선생의 보스턴 우승 메달과 자신의 완주 메달을 비교 설명하는 이봉주 이사.

서윤복이 받은 우승 메달은 2개다. 하나는 훈장 모양으로 옷깃에 꽂을 수 있게 만든 것으로, 가운데에 조그만 다이아몬드가 박혀 있다. 조금 더 큰 메달은 뒷면에 서윤복의 영문 이름이 새겨져 있다. 이봉주 이사는 "저는 우승 트로피와 크리스털 화병, 완주 기념 메달을 받았어요. 우승 상금도 10만 달러 받았죠"라며 서 선생의 우승 메달을 유심히 들여다봤다.

서윤복 일행은 미 군용기로 닷새 걸려 거지꼴로 보스턴에 도착했다. 현지 동포들의 열렬한 환영을 받았지만 어처구니없는 일도 겪었다. 체육사학자 손환 교수(중앙대)는 "한 교포가 고급 식당에 선수단과 손님들을 초대해 거창한 만찬을 베푼 뒤 외상값을 안 갚고 잠적해 버렸어요. 선수단은 돌아올 비행기 삯을 식당에 주고 우여곡절 끝에 화물선을 얻어 타고 18일 만에 귀국하게 됐죠"라고 에피소드를 소개했다.

레이스 도중엔 아찔한 순간도 많았다. 갑자기 코스로 뛰어든 개를 피하던 서윤복이 넘어져 무릎을 다쳤고, 막판엔 신발 끈이 풀어지기도 했다. 하지만 서윤복은 32km 지점부터 시작되는 상심의 언덕(heartbreak hill)에서 스퍼트, 선두로 치고 나갔다. 2위 미코 피타넨(핀란드)보다 4분이나 빨랐던 압도적 레이스였다.

보스턴에서 한국 선수들이 유독 좋은 성적을 낸 이유가 뭘까. 이봉주 이사는 "저는 오르막을 좋아해 레이스 막판에 언덕이 나오는 코스에서 성적이 좋았어요. 선배들도 한국 선수 특유의 정신력과 지구력을 바탕으로 상심의 언덕에서 강력한 힘을 낸 게 아닐까요"라고 반문했다.

"고비 못 넘는 후배들 '빠따' 치고 싶지만…"

　서윤복과 이봉주는 닮은 점이 많다. 둘 다 체격이 왜소했다. 서윤복은 160㎝, 이봉주는 166㎝다. 마라톤에 가장 중요한 게 정신력과 훈련량이라고 믿는 것도 같다. 서윤복은 한 잡지에 '기계의 능력은 한도가 있다. 인간의 능력은 무한대한 초능력을 가졌다고 했다. 그 초능력의 원천은 무엇인가. 정신력이라고 한다'고 썼다.

　이봉주는 마라톤 선수로서 치명적 약점인 평발을 극복했고, 안으로 말린 눈썹이 눈을 찌르는 고통을 삼켜가며 42.195㎞ 풀코스를 41차례나 완주했다. 이봉주 이사는 "저는 올림픽 금메달이라는 확고한 목표가 있었어요. 죽을 만큼 힘들 땐 목표를 상기하고, 부모님을 생각했죠. 저는 스피드가 떨어지는 편이라서 훈련 끝나고 남들 다 잘 때 일어나 스피드 훈련을 한 적도 많아요"라고 회고했다.

　손기정, 남승룡, 서윤복 등 마라톤 영웅들이 차례로 세상을 떴다. 그사이 한국 마라톤은 침체의 늪에서 빠져나오지 못하고 있다. 이봉주가 2000년에 세운 한국 최고기록(2시간 7분 20초)은 아직도 깨지지 않고 있다.

　육상연맹 기술위원장을 맡고 있는 이봉주 이사가 한숨을 쉬었다. "후배들은 체격도, 기술도 좋아졌고, 외국인 코치의 선진 트레이닝도 받고 있어요. 하지만 마라톤은 누가 시켜서 하는 정도의 연습량으로는 이길 수 없어요. 고비를 넘지 못하고 현실에 안주하는 후배들 보면 '빠따' 한 대씩 치고 싶지만 요즘 그랬다간 큰일 나겠죠. 하하. 후배들이 뚜렷한 목표와 사명감을 가졌으면 좋겠어요."

보스턴마라톤 2018년 우승자는 일본 공무원

보스턴마라톤은 근대 올림픽 다음으로 오랜 역사를 자랑하는 국제 스포츠 이벤트다. 1896년 그리스 아테네에서 열린 제1회 근대 올림픽 이듬해인 1897년에 첫 대회가 열렸다. 런던·로테르담·뉴욕 마라톤과 함께 세계 4대 마라톤 대회로 불리는 보스턴마라톤은 1, 2차 세계대전으로 인해 딱 두 차례(1918년, 1949년) 중단됐다. 매년 4월 셋째 월요일인 애국자의 날(Patriots' Day)에 보스턴 교외 홉킨턴을 출발해 보스턴 시내의 보스턴 육상경기 클럽 앞에 골인하는 편도 코스에서 열린다. 1996년 100회 대회에는 3만 8700명이 참가해 세계 최대 국제 마라톤 기록을 세우기도 했다. 대회가 너무 비대해지자 1997년부터 참가자 수를 1만 5000명으로 제한하고 있다. 1972년부터 여성 참가를 허용했다.

보스턴마라톤은 경기가 열리는 구간 어디서나 열광적인 응원이 펼쳐진다. 20㎞ 구간에서는 인근 웨슬리여대 학생들이 'kiss me'라고 쓴 팻말을 들고 러너들에게 대시하기도 한다. 달리기 좀 한다는 사람에겐 보스턴마라톤 출전이 '버킷리스트 1번'이다. 2013년 대회 때는 결승 지점 부근에서 폭탄 테러가 일어나 3명이 사망하고 180여 명이 다치는 사건이 발생했다.

2018년 122회 대회는 일본의 가와우치 유지가 우승했다. 그는 직업 선수가 아니라 도쿄 인근 사이타마현청 소속 공무원이라는 사실이 알려져 화제가 되기도 했다.

⑳ 독사 깨문 깡, 라면 먹고 도버해협 횡단한 '물개' 조오련
(1952~2009)

"조오런이하고 바다거북이하고 수영 시합 하모 누가 이기는 줄 아나?"

800만 관객을 동원한 영화 「친구」(감독 곽경택, 주연 장동건·유오성)에 나오는 대사다. 아직까지야 '수영 하면 박태환'이지만 1970~80년대를 거쳐 온 사람들에겐 '수영=조오련'이었다.

조오련은 1970년 방콕, 1974년 테헤란 아시안게임 수영 남자 자유형 400m와 1500m에서 연거푸 우승했다. 1980년 대한해협(48km)을 13시간 16분 동안 헤엄쳐 건넜다. 82년에는 도버해협(34km)을 9시간 35분 만에 횡단했다. 2005년 울릉도~독도 구간을 3부자 릴레이로 18시간 걸려 주파했고, 2008년엔 독도를 33바퀴 돌기도 했다.

'아시아의 물개'라는 별명을 얻었던 조오련은 잇따른 기행과 코믹한 내용의 방송 출연 때문에 '유쾌한 괴짜' 정도로 알려졌다. 그러나 그의 인생은 대한해협 파도만큼이나 거칠었고, 도전으로 점철된 시간은 시련과 아픔의 연속이었다.

조오련은 2009년 8월 4일 전남 해남 자택에서 심장마비로 숨졌다. 그해 4월에 재혼을 하고 "대한해협 횡단에 재도전하겠다"며 제주도에서 맹훈련을 하다 해남에 잠깐 다녀온 참이었다. 스폰서 문제가 잘 풀리지 않아 술을 많이 마셨다고 한다.

조오련은 금메달을 수집하는 데는 탁월했지만 돈 모으는 재주는 없었던 모양이다. 그의 부인은 패션 브랜드 '논노'의 디자이너였다. 은퇴 후 함께 봉제 공장을 했지만 쫄딱 망했고, 네 식구가 단칸방에서 살았다고 한다. 그러다 1989년 강남 압구정동에 개장한 조오련수영교실이 성공하면서 살림이 피었다. 그런데 2001년, 남편의 출근을 돕던 아내가 심장마비로 쓰러졌다. 급히 응급조치를 했지만 병원 이송 도중 숨졌다.

조오련의 차남 성모 씨는 2002 부산 아시안게임 자유형 1500m에서 은메달을 딴 수영 스타였다. 호주에서 고등학교 다닐 때 어머니를 잃은 그는 8년 만에 또다시 임종도 못 하고 아버지를 보내자 충격에서 헤어나지 못했다. 두 달 동안 집에 틀어박혀 술만 마셨다. 후배가 '이러다가 죽겠다' 싶어서 방송사에 연락을 해 다이어트 프로그램에 억지로 출연시켰다. 180cm의 키에 115kg 나가던 조성모가 80kg대로 감량하는 과정이 TV를 통해 안방에 전달됐다. 그러나 그 후 우울증 약 부작용과 폭식 때문에 160kg까지 불어났다고 한다.

성모 씨는 미국 LA에서 수영 코치 자격증을 따기 위해 연수 중이다. 그와 어렵게 통화가 됐다. "지금은 우울증 약 끊고 꾸준히 운동해 90kg대를 유지하고 있다. 아버지를 재조명해주신다니 정말 고맙다. 아버지가 워낙 뛰어났기 때문에 '조오련의 아들'로 질시와 견제를 많이 받았다. 다시 한국으로 돌아갈 생각은 없다"고 했다. 그는 "아버지 자서전을 내고 싶어서 우리에게 들려주신 얘기들을 메모한 게 있다"며 모아놓은 자료를 보내줬다. 그 속에는 만화에나 나올 법한 스토리가 담겨 있었다. 일부를 요약한다.

매일 뒷산 뛰고 소리친 덕에 폐활량 좋아져

나는 1952년 10월 5일 전남 해남 작은 농촌 마을에서 5남 5녀의 막내로 태어났다. 한국전쟁 뒤끝이라 정말 똥구멍이 찢어지게 가난했다. 동네 냇가에서 물장구를 치고 놀았고, 어른들이 "오연(五連)아, 싸게 고기 몇 마리 잡아라" 하면 맨손으로 바위 밑에 숨어 있는 붕어나 메기를 잡아 드렸다.

중학교 때는 도시락을 못 싸갈 정도여서 공부에 집중할 수가 없었다. 가난에 대한 스트레스와 미래에 대한 불안감으로 어린 마음은 터질 것만 같았다. 매일 새벽 집 앞 산으로 뛰어 올라갔다. 심장이 터질 것 같았지만 멈추지 않고 정상에 올라 울면서 소리를 질렀다. "야, 이 씨벌넘들아~."

덕분에 나는 폐활량이 엄청나게 좋아졌고, 음악 선생님으로부터 트롬본 해보라는 권유도 받았다. 해남고 1학년 때 제주도로 수학여행을 가 우연히 수영 대회를 봤다. 나도 저 정도는 할 수 있을 것 같았고, 전국 3등 안에만 들면 돈 받고 학교 다닐 수 있다는 얘기도 들었다.

1968년 10월, 부모님 몰래 자퇴서를 내고 목포에서 완행열차에 도둑 승차를 했다. 16시간 걸려 서울역에 도착한 뒤 수영 명문이라는 오산고를 무작정 찾아갔다. 학교 관계자가 "수영부가 전지훈련 갔다"고 거짓말을 했다. 서울역에서 한동안 노숙을 하다가 종로 2가 간판집에 들어가

막일과 잔심부름을 했다. 근처에 당시 유일한 실내 수영장인 YMCA 수영장이 있었다. 첫 월급으로 한

조오련이 접영 종목에서 역영하고 있다.

달 치 회원권을 끊고 혼자 열심히 수영을 했다.

하루는 수영장 안에서 어떤 녀석과 시비가 붙었다. 나오라고 했더니 15명 정도가 우르르 따라 나왔다. 인근 중·고등학교 유도부 선수들이었다. '맞아 죽겠다' 싶어서 "난 남자다. 30분 뒤에 이 자리에서 다시 보자"고 했다. 간판집으로 달려가 사장님께 500원을 꾼 뒤 뱀 장수에게서 독사 한 마리를 샀다. 유도부 애들한테 돌아가 뱀을 꺼내 대가리를 잘근잘근 씹어 먹었다. 반 이상이 기겁을 하고 도망쳤고, 난 제일 세 보이는 놈과 엉겨 붙었다. 실컷 두들겨 맞다가 녀석 뒤통수가 보이기에 사정없이 씹어 버렸다. 상황은 종료됐고 그 후 "조오련은 미친놈이다. 상대하면 안 된다"는 말들이 퍼졌다. 뱀 대가리 맛? 너무 비렸다.

둘째는 수영 선수, 첫째는 UDT 출신

난 매일 새벽 종로 2가에서 마장동 우시장(당시는 도살장)까지 왕복 달리기를 했다. 겨울 아침 수영장 문 열기도 전에 간 적도 많았다. 전문적인 영법을 못 배웠지만 오래 수영하는 데는 자신이 있었다. 1969년 6월 전국체전 서울시 예선에 일반부 선수로 출전했다. 수영복이 없어 사각팬티를 입고 400m와 1500m에서 1등을 했다. 그날 귀빈석에 당시 대한체육회장인 소강 민관식 선생이 계셨다. 그분 도움으로 태릉선수촌에서

체력 테스트를 받고 대표선수가 될 수 있었다. 수영부가 있는 고교에서 스카우트 제의가 쏟아졌다. 난 오산고 대신 손기정 선생의 모교 양정고를 택했다.

2005년 8월 울릉도~독도 횡단에 성공한 조오련 3부자.

전남 영암에 사는 조오련의 누나 조현숙 씨와 통화가 됐다. "동생은 남 도움 받거나 손 벌리는 걸 체질적으로 싫어했어요. 아시안게임 금메달 따고 나라에서 '뭐 해줄까' 물어도 필요한 것 없다고 했지요. 해외 시합 나갈 때 친지들이 달러를 주면서 '좋은 물건 좀 사다 달라'고 해도 한 개도 안 사 왔어요. '내가 대한민국 국기 갖고 가서 태극기 올리고 왔는데 가방에다 남의 나라 물건 갖고 올 일이 없다'고 했죠."

조오련은 민족의식이 남달랐다고 했다. 방콕 아시안게임 가기 전에 "내가 우승하면 우리나라를 드러낼 수 있는 거 좀 해주시오" 해서 태극기를 수놓은 머리띠를 만들어 줬다고 한다. 조오련은 그 머리띠를 하고 어머니가 만들어 준 모시 한복을 입고 시상대에 섰다.

조현숙 씨는 1982년 도버해협 횡단 뒷얘기도 들려줬다. 모두가 성공이라고 했지만, 조오련 자신은 실패라고 말했다는 것이다. "당시에 경비를 모금해서 간 사람이 잠적해버렸어요. 거기서 라면 먹고 창고에서 자면서 도버해협을 건너긴 했지만, 목표로 했던 횡단 최고 기록을 세우지 못했고, 왕복하겠다는 약속도 못 지켰어요. 동생은 그 사실을 나하고 엄마한테만 얘기했어요. 그분도 대한민국 사람인데 밝힐 필요가 없다면서." 조현숙 씨는 "깨끗하고 맑은 정신을 가진 동생이었는데, 두 번째 결혼이 좀…"이라며 말끝을 흐렸다.

조오련의 장남 성웅 씨는 서울 청담동에서 개인 사업을 하고 있다.

그는 해군 특수부대인 UDT에 입대해 훈련 중 어머니 부음을 접했다고 한다. "일주일 장례를 치르고 복귀했더니 가장 힘든 훈련인 지옥주(週)가 시작됐어요. 내가 혹시라도 사고를 칠까 봐 교관들이 더 혹독하게 다뤘어요. 어머니 생각할 겨를이 없었죠. 아버지는 아내이자 친구이자 어머니 같은 분을 동시에 잃은 거라 충격이 더 컸던 것 같아요."

장남은 아버지를 이렇게 기억했다. "산이 거기 있어서 산을 오른다고 한 등반가의 말처럼, 아버지는 물이 있는 곳이면 어디든지 도전하고 그걸 즐기셨죠. 이런저런 수식어 필요 없이, 그분의 삶 자체가 도전이었습니다."

작대기 도박을 스포츠로, 당구의 전설 '칙칙폭폭' 이상천

(1954~2004)

　이상천은 한국 당구 사상 첫 세계챔피언이 된 선수다. 당구 선수들이 '양아치' '작대기'로 불리던 시대, 이상천은 홀로 우뚝 서 새로운 영토를 개척했다. 미국에서 큰 성공을 거두고 국내로 돌아온 그는 당구판의 개혁을 기치로 내걸고 대한당구연맹 회장에 당선됐다. 그러나 당선 인사를 하는 자리에서 그는 이미 다리를 절뚝이며 힘들어하고 있었다. 그리고 4개월 뒤 위암으로 세상을 떠났다.

　서울 출신인 이상천은 경기고를 졸업하고 1972년 서울대 응용수학과에 입학한 수재였다. 고3 겨울방학 때 당구 큐를 처음 잡아 석 달 만에 300점(4구 기준)을 쳤다고 한다. 서울대 교련복을 입고 당구장에 나타나 내로라하는 고수들을 무너뜨리는 그를 사람들은 '서울대 꼬마'라고 불렀다. '전주 꼬마' '부산 꼬마'처럼 꼬마는 특정 지역의 당구 최고수를 가리키는 애칭이었다.

왼손잡이 이상천은 몰아치기의 달인이었다. 한 번에 3쿠션 7개, 8개를 손쉽게 쳐 '칙칙폭폭'이라는 별명이 붙었다. 대학을 휴학하고 입대한 뒤 치질로 귀향 조치를 당한 1974년부터 이상천은 당구의 세계에 깊이 몸을 담갔다. 당시 당구 고수들은 예외 없이 '직방'이라고 하는 즉석 돈내기 당구를 쳤다. 워낙 실력이 출중한 이상천을 모두가 슬슬 피하자 그는 말도 안 되는 핸디캡을 주면서 상대를 끌어들였다.

왼손잡이 이상천은 '책에 없는 기술'을 만들어서 칠 정도로 창의적이고 도전적인 당구를 추구했다.

국내 대회를 휩쓴 이상천은 1987년 10월, 혈혈단신 미국으로 건너갔다. 무일푼의 불법 체류자였던 그는 각고의 노력 끝에 미국에 정착했고, 미국 3쿠션계를 평정했다. 1994년 1월에는 벨기에 겐트 월드컵에서 우승하며 세계당구월드컵(BWA) 종합 챔피언에 등극한다. 상 리(Sang Lee)라는 이름으로 활약한 그는 뉴욕에서 대형 당구장을 운영하는 등 사업에서도 큰 성공을 거뒀다.

이상천이 국내에서 활동할 때 유일하게 그와 맞상대할 수 있는 선수가 '똘이장군' 김정규(대한당구연맹 경기력향상위원장)였다. 그는 서울 경찰병원 근처 김정규당구스쿨에서 후학을 키우고 있다. 김 위원장과 당구계 원로들의 말을 토대로 이상천의 일생을 재구성했다.

주머닛돈 다 떨어질 때까지 무한대결

전북 익산 출신인 김정규는 전라도에서 '똘이'라는 애칭으로 불린 최고수였다. 서울로 올라온 그는 자신보다 잘 친다는 소문을 듣고 이상천을 찾았다. 화려한 기술을 자랑하는 김정규도 이상천의 정확한 플레이에 틈을 찾을 수 없었다.

두 사람은 이상천이 미국으로 떠나기 2년 전부터 급속히 가까워졌다. 이상천은 "10년 만에 나와 맞대결을 할 수 있는 사람이 나타났다"며 김정규를 반겼다. 두 선수 모두 치기 전에 큐를 쥔 손을 몇 차례 흔드는 습관이 있었다. 손목의 힘을 빼는, 골프의 왜글과 비슷한 동작이었다. 당시는 국제식 테이블인 대대(大臺·284cm×142cm)가 거의 없어 중대(中臺·254cm×127cm)에서 쳤는데 한 번에 3쿠션 30개까지 몰아치기도 했다고 한다. 한 번 붙으면 1박 2일은 기본이고, 이틀 밤을 새우기도 했다. 끼니는 게임 중간중간 짜장면으로 때웠다. 당시에는 '1점에 얼마' 식으로 돈이 오갔고, 둘 중 한 명의 돈이 다 떨어져 '올인'을 불러야 대결이 끝났다. 김정규는 혼자였지만 이상천은 지인들을 몰고 다녔다. 이상천이 올인 되면 옆의 지인들이 돈을 쥐어 주며 다시 시합을 붙였다. 김정규 위원장은 "10번 붙으면 2~3번은 내가 이겼을 겁니다. 키도 작고 볼품없는 사람이 잘 치니까 상천 형이 '똘이'에다 '장군'이라는 이름을 붙여줬죠. 우리 둘 다 연습을 많이 하는 스타일은 아닌데 상천 형은 당구장에서는 절대 큐를 놓는 법이 없었어요"라고 회고했다.

'멘털'이나 '루틴'이라는 말도 없었던 그 시절에 이상천은 자신만의 멘털 게임을 했다. 다른 선수들이 오로지 공에만 집중했을 때 이상천은 전체 판을 읽을 줄 알았고, 경기가 잘 안 풀리면 화장실로 가 세수를 하고 나오는 등 자신만의 루틴을 가졌다고 한다.

장례 4개월 뒤 대한체육회 정가맹단체 승인

이상천의 귀국 후 행적은 한국 당구가 게임에서 스포츠로 도약하는 과정과 맞닿아 있다. 2003년 귀국한 이상천은 「월간당구」에 후배들에게 주는 글을 기고한다. 당구 선수는 '작대기'에서 진정한 스포츠인이 돼야 한다며 이상천은 '공 좀 열심히 치자' '당구장에서 도박이나 도박 얘기를 하지 말자' '선수끼리 예의를 지키자' 같은 주장을 한다. 그리고 후배들을 이끌고 지방 투어 대회를 다니며 당구 붐 조성에 앞장섰다. 2004년 6월 대한당구연맹 회장 선거에서 공약으로 내세웠던 당구연맹의 대한체육회 정가맹단체 승인은 2005년 2월 이뤄진다.

이러한 이상천의 행보에 대해 비판적인 당구인들도 많았다. "직방을 누구보다 많이 치고, 당구인들 호주머니를 털어먹던 사람이 갑자기 깨끗한 척한다" "이상천이 당구계를 사분오열시키고 연맹 회장에 당선됐다"는 말들이 돌았다.

이에 대해 김정규 위원장은 "당구를 치고 싶은데 상대가 없어서 못 치는 심정은 경험해보지 못한 사람은 몰라요. 파격적인 핸디캡을 줘도 안 하겠다고 하니 자존심을 긁어버린 경우가 많았어요. 당한 사람은 상처가 남는 거죠. 사실 상천 형이 대단한 이상과 사명감으로 나선 건 아니죠. 그러나 음지에 있던 당구를 양지로 끌어올리기 위해 나름대로 애썼다고 봅니다"고 말했다.

박태호 대한당구연맹 수석부회장도 "골프든 바둑이든 국내로 들어오면서 '독특한 토착화 과정'을 거치게 됩니다. 당구도 일본에서 넘어와 일제 잔재를 벗겨내고 국민 생활스포

이상천과 쌍벽을 이뤘던 라이벌 '돌이장군' 김정규. [사진 정영재]

츠로 자리 잡는 데 진통이 따랐죠. 그 길을 가장 뚜렷하고 외롭게 걸어간 사람이 바로 이상천입니다"고 말했다.

이상천이 가장 아꼈던 김경률, 2015년 의문의 추락사

이상천이 국내에 돌아와 가장 아낀 선수가 고(故) 김경률(1980~2015)이다. 김경률은 2010년 2월 터키 안탈리아에서 열린 3쿠션 월드컵에서 딕 야스퍼스(당시 세계랭킹 1위·네덜란드)를 꺾고 한국 선수 최초로 월드컵 챔피언이 됐다. 이상천은 막 데뷔를 하고 조금씩 두각을 나타낸 김경률에게 '개구리'라는 별명을 지어줬다. "개구리 어디 갔니? 개굴아, 밥 먹자"라며 김경률을 챙겼다. 이 회장은 "연습하지 않으면 성공할 수 없다. 교만하지 말고 항상 겸손하라"며 김경률에게 조언을 했다.

김정규 대한당구연맹 경기력향상위원장은 "이상천 회장만이 김경률을 좋아한 건 아니다. 당구인이라면 누구든지 좋아하지 않을 수 없을 정도로 경률이는 싹싹하고 노력하는 선수였다"고 회고했다.

세계 정상에서 승승장구하던 김경률은 2015년 2월, 경기도 고양시 자신의 아파트(11층) 베란다에서 추락사했다. 갑작스러운 비보에 당구계는 충격에 빠졌고 "자살이다" "사고사다" 말들이 많았다. 취재 과정에서 만난 다수의 당구인들은 "김경률이 자살할 이유가 전혀 없고, 어떤 조짐도 보이지 않았다"고 이구동성으로 말했다. 그럼에도 "세계 정상권 선수가 죽음을 선택할 정도로 국내 당구 선수의 현실과 처우가 열악한가" 하는 웅성거림이 있었다.

한국 당구계는 봄날을 맞았다. TV를 켜면 당구 경기가 나오고, 대기업이 스폰서를 하는 대회도 늘어났다. 톱클래스 선수들은 억대의 수입을 올린다. 국내 캐롬(3쿠션) 시장은 세계에서 가장 크다. 유진희 서울당구연맹 부회장은 "선수들의 노력과 뛰어난 기량으로 시장이 커진 만큼 선수들이 더 좋은 환경과 수입을 가져갈 수 있도록 해야 한다"고 말했다.

감나무 채로 210m…
LPGA 한국인 첫 우승
구옥희
(1954~2004)

　2013년 7월 10일, 일본 시즈오카현에 있는 한 골프장. 일본여자프로골프협회(JLPGA) 프로 테스트를 준비 중인 두 선수가 연습 라운드를 마치고 숙소로 향했다. 구옥희 프로의 조카와 그의 친구인 이들은 구 프로 방의 초인종을 눌렀지만 응답이 없었다. 이들을 지도하기 위해 함께 온 구 프로는 전날 라운드를 한 뒤 아침에 "너무 피곤하니 너희끼리 운동하고, 올 때 수박하고 포도 좀 사 와라"고 했다. 문을 따고 들어가 보니 구옥희의 몸은 싸늘하게 식어 있었다. 그는 평소 저혈압이 있었다. 사인(死因)은 심장마비였다고 한다.
　어쩐 일인지 구옥희의 갑작스러운 죽음은 국내에 바로 알려지지 않았다. 지인을 통해 비보를 들은 강춘자 한국여자프로골프협회(KLPGA) 수석부회장이 부랴부랴 일본으로 날아갔다. 시신이 안치된 곳은 병원이 아니라 화장장이었다. 화장(火葬) 순서를 기다리고 있는 친구의 시신을 확인한 강 부회장은 모든 절차를 중단시킨 뒤 관을 국내로 옮겨 협회장으로 장례를 치렀다.

골프채·신발 빌려서 프로 테스트 통과

1978년 첫 프로를 배출하고 대회를 연 KLPGA가 2023년에 45주년을 맞았다. 한국 여자 골프는 명실상부한 세계 최강이다. 뛰어난 선수들이 화수분처럼 나오고 있다. 그 길을 연 사람이 구옥희다. 1978년 KLPGA 1기 프로 테스트를 통과한 구옥희는 국내 대회를 평정한 뒤 일본으로 건너가 JLPGA 통산 23승을 올렸다. 1988년 3월에는 LPGA 투어 스탠더스 레지스터 대회에서 한국 선수 사상 첫 우승을 차지했다. 2004년 KLPGA 명예의 전당 1호로 헌정됐고, 2012년에는 KLPGA 회장도 잠깐 맡았다.

경기도 연천 출신인 구옥희는 어려서 부모를 잃고 오빠들 밑에서 자랐다. 투포환 선수로도 뛰었던 그는 경기도 고양의 123골프클럽(6홀)에서 캐디로 일하며 독학으로 골프를 익혔다. 1976년에 남자 골프를 관장하는 한국프로골프협회(KPGA)에서 각 골프장에 "여자 프로도 키우자"고 제안했다. 1978년 5월에 골프장 대표 선수 8명이 모여 프로 테스트를 했다. 남자 프로 후원회 월례경기의 마지막 조였다. 남성용 하프 세트로 연습을 하던 이들은 테스트 당일 골프장 여성 회원의 풀세트를 빌려 썼다. 골프화도 빌려 신었는데 맞지 않아 뒤꿈치가 까이는 경우도 많았다. 이틀간 평균 80타 안에만 들어오면 합격시켰다. 배구 세터 출신인 강춘자가 155타로 1등을 했다. 한명현, 구옥희가 156타, 안종현이 157타로 합격했다. 안종현이 27세 때 급성 백혈병으로 유명을 달리하는 등 1기 4명 중 3명이 병으로 세상을 떴다.

구옥희는 투포환 선수 출신답
게 장타자였다. 강 부회장은 "당
시 드라이버 클럽은 퍼시먼(감나
무) 헤드였는데 평균 190m(약 208
야드) 나갔다. 옥희는 우리보다 20
야드 정도는 더 나갔다. 옥희는

LPGA에 진출기 초창기 한국 선수들. 왼쪽부터 펄신, 박세리, 구옥희.

지독한 연습벌레였다. 모든 아이언 샷을 상황에 따라 거의 완벽하게 구사할 줄 알았다. 다만 숏게임의 정교함이 약간 떨어졌고, 30~40㎝ 퍼팅을 놓치는 경우가 있었다"고 회상했다.

2년 동안 준비해 프로 테스트를 통과했지만 여자 프로골퍼의 현실은 고단했다. 대회가 많지 않았고 그나마 총상금 50만 원, 우승상금 30만 원 정도였다. 여자 프로 모두가 골프장 캐디나 레슨으로 투잡을 뛰어야 했다. 구옥희는 1984년 일본으로 건너갔고, 이듬해 3개 대회 우승을 거머쥐며 성공의 기반을 다졌다. 그는 더 큰 도전을 위해 LPGA 프로 테스트에 도전해 당당히 출전권을 따냈다.

1988년 3월 스탠더드 레지스터에서 거둔 구옥희의 LPGA 첫 우승은 골프 선수들도 잘 모르고 지나갔다. 그만큼 골프, 특히 여자 골프에 관심이 없던 때였다. 1998년 박세리가 맥도널드 챔피언십에서 우승하자 '한국인 첫 승인가 아닌가' 설왕설래 속에 구옥희의 10년 전 우승 사실이 세상에 알려졌다.

프로암 때 도시락 싸와 혼자서 식사

구옥희는 골프에서 큰 족적을 남기고 돈도 많이 벌었지만 그리 행복하게 산 것 같지는 않다. 독신이었고 골프 외에 별다른 취미가 없었다. 외골수 면모가 있었고 사람들과 어울리는 걸 힘들어했다는 게 주위의 전언이다. 2011년 일본 생활을 완전히 접고 한국으로 돌아온 뒤 프로암(스폰서 기업의 VIP 고객과 프로 골퍼가 함께 하는 이

2002년 일본 메이저 대회에 출전한 구옥희의 샷 모습.

벤트 라운드)에도 자주 초청받았다. 그는 동반자에게 거의 말을 하지 않았고, 끝난 뒤에도 자신이 싸온 도시락을 먹었다고 한다. 친절한 원포인트 레슨과 싹싹한 매너를 기대했던 고객들의 불만이 쏟아졌다. 본인도 스트레스를 많이 받았다고 한다.

강춘자 부회장은 "옥희는 평생 구도자의 자세로 골프를 대했다. 죽기 얼마 전에는 '내가 이젠 골프 달인이 된 것 같다'는 말도 했다. 지금처럼 매니저나 대행사가 있던 때가 아니어서 세련되게 포장되지 않았을 뿐"이라고 말했다.

구옥희가 간 길이 한국 여자골프의 역사가 되었다. 그가 낸 길은 세계 정상으로 이어졌고, 그 길을 따라 박세리, 신지애, 박인비, 전인지, 박성현 등이 여왕에 등극했다.

"초창기 KLPGA, 십시일반 모아 대회 상금 줬죠"

"나도 프로 선수였지만 대회 출전할 틈이 없었어요. 상금 구하러 다녀야 했으니까. 골프장 숙녀회 멤버들 찾아가 십시일반으로 돈 얻어오고, 그걸 모아서 시상식 때 상금을 줬죠."

김성희 KLPGA 초대 회장이 여자 골프 초창기 얘기를 들려줬다. 그는 1978년 8월 KLPGA 2기 테스트를 거쳐 프로가 됐다. 1, 2기를 합쳐 8명이 대회에 출전했다. 남자 대회 맨 뒤에 끼어서 치는 '들러리'였다. 2023년 현재 KLPGA 정회원 수는 1608명이고, 대회 숫자와 상금 액수는 남자보다 월등히 많다.

김 전 회장은 우리나라 여자 골프의 시조라 할 수 있다. 경남 진주 출생인 그는 이화여대 신문방송학과에 다닐 때부터 부친을 따라 골프를 배웠고 바둑도 5급을 뒀다. 서울컨트리클럽 식당에서 아르바이트를 하던 그는 이병철 삼성 회장과 구인회 럭키 회장의 바둑판에 슬쩍 끼어들어 훈수를 했다. 그게 이 회장과의 즉석 대국으로 이어졌고, 그 인연으로 이 회장의 딸들에게 골프를 가르치게 됐다.

재계에 발을 넓힌 김 전 회장은 골프장마다 '사모님'들을 모아 숙녀회를 만들었다. 특급 호텔의 VIP 손님들과 여자 프로들이 함께 하는 이벤트를 열기도 했다. 프로암의 시초인 셈이다.

1988년 KLPGA 법인 등록도 김 전 회장이 앞장섰다. KPGA로부터 독립하면서 '정착금' 3000만 원을 받아냈고, 숙녀회 멤버들로부터도 1400만 원을 갹출했다. 이걸 종잣돈 삼아 단칸방에서 살림을 시작했다.

김 전 회장은 "우리 땐 공 한 개로 36홀을 돌았고, 장갑은 '빵꾸' 날 때까지 꼈죠. 지금은 모든 게 풍족하고 한국 여자 골프가 질과 양에서 세계 최고가 됐으니 뿌듯합니다. 그렇지만 골프 문화나 매너는 아직 고쳐야 할 게 많은 것 같아요"라고 말했다.

5장
산이 된 철인

'준비된 2번조'
한국인 최초 에베레스트 등정
고상돈
(1948~1979)

"여기는 정상. 더 이상 오를 데가 없다."

1977년 9월 15일, 고상돈은 해발 8848m 에베레스트 정상에서 이렇게 외쳤다. 세계 여덟 번째로 대한민국이 지구 최고봉에 오르는 순간이었다.

위아래 빨강 방한복에 산소마스크를 쓴 그의 모습은 약간은 괴기스러워 보이기도 한다. 지금이야 무산소 등정이 기본이고, 고산 등반 좀 한다는 사람은 누구나 에베레스트를 꿈꾼다. 그러나 1인당 소득 1000달러를 겨우 달성한 1977년, 장비도 열악하고 경험도 없고 산악인도 많지 않던 그 시절 고상돈의 에베레스트 등정은 온 국민에게 희망과 자신감을 안겨준 쾌거였다. 그의 뒤를 따라 허영호, 엄홍길, 박영석 등 걸출한 산악인이 배출됐다.

2019년은 고상돈 대장이 북미 최고봉 매킨리를 등정하고 하산하다 불의의 사고로 숨진 지 40주년이 되는 해였다. 그의 숨결을 따라 지인들을 만났고, 고향인 제주까지 내려갔다.

150분 사투 끝에 마지막 9m 빙벽 올라

원래 고상돈은 에베레스트 1차 정상 공격조가 아니었다. 77 한국 에베레스트 등반대 김영도 대장은 베이스캠프부터 5차 캠프까지 대원들의 움직임을 면밀히 지켜보며 정상에 도전할 대원을 머릿속에 그리고 있었다. 고상돈은 아령 크기의 돌로 웨이트 운동을 하고 불필요한 움직임을 자제하면서 컨디션을 관리하고 있었다.

9월 5일, 김 대장은 모든 대원을 모이게 한 뒤 정상 공격조를 발표했다. "1차 공격은 9월 9일 박상열과 앙 푸르바(셰르파), 2차 공격조는 고상돈과 한정수, 날짜는 1차 결과를 보고 정한다."

등반 부(副)대장인 박상열은 수영과 럭비 선수 출신으로 뛰어난 체력과 자신감으로 무장한 산 사나이였다. 셰르파들도 8000m급 고산에서 산소통도 없이 돌아다니는 그를 대단하다고 치켜세웠다. 그러나 너무 큰 자신감이 화근이었다.

9월 9일 새벽, 김 대장은 캠프5(8510m)에 있는 박상열에게 무전을 해 컨디션이 어떤지 물었다. 박상열은 "간밤에 산소가 떨어져 그대로 잤더니 속이 좀 메스껍습니다"고 했다. 그 순간 김 대장은 '실패'를 직감했다고 한다. "산소를 충분히 마시고 자라"고 신신당부한 김 대장의 말을 박상열이 흘려들은 것이다. 산소 부족으로 컨디션이 크게 떨어진 박상열은 예정 시간을 두 배 이상 지체했고, 결국 정상을 100m 남기고 산소가 떨어져 철수해야 했다. 살아 돌아온 게 기적이었다.

2차 공격일은 9월 15일로 정해졌고, 고상돈의 파트너는 노련한 셰르파인 펨바 노르부로 바뀌었다. 오전 5시, 정상에서의 사진 효과를 고려해 빨강 옷을 입은 고상돈이 20㎏의 짐을 메고 캠프를 나섰다. 4시간 만에 남봉에 도착해 산소통을 갈아 끼웠다. 앞에는 50m 길이의 칼날 능선이 버티고 있었다. 좌우는 끝이 안 보이는 벼랑이고 능선은 너무 뾰족해 도저히 통과할 수 없을 것 같았다. 앞장섰던 펨바가 '되돌아가자'는 눈빛을 보냈다. 그러나 고상돈은 앞으로 나서 오른팔로 커니스(눈 처마)를 껴안듯이 하고 스텝을 만들며 한 발, 한 발 전진했다. 천신만고 끝

1977년 9월 15일 한국인 최초로 에베레스트 정상에 오른 고상돈 대원. [사진 고상돈기념사업회]

에 칼날 능선을 통과하자 직벽에 가까운 9m 빙벽 '힐러리 침니'가 앞을 가로막았다. 2시간 30분의 사투 끝에 힐러리 침니를 올라섰다.

　작은 언덕 세 개를 넘으니 또 하나의 봉우리가 보였다. 필사적으로 오른 뒤 두리번거리며 정상을 찾았다. 펨바가 "여기가 정상"이라고 소리쳤다. 반신반의하고 있는데 발에 뭔가가 걸렸다. 눈을 헤쳐 보니 카메라 삼각대였다. 순간 김 대장의 말이 떠올랐다. "정상에는 75년 중국 원정대가 세워 놓은 삼각대가 있을 거다. 그게 정상이라는 명백한 증거다."

　고상돈과 펨바가 얼싸안았다. 1977년 9월 15일 낮 12시 50분이었다. 고상돈은 에베레스트 등반을 목표로 설악산에서 훈련하다 숨진 최수남, 송준송, 전재운 대원의 사진을 에베레스트 정상에 묻었다.

　고상돈의 쾌거는 온 국민의 기쁨이었다. 에베레스트 등정 기념우표와 주택복권이 발행됐고, 기념담배도 출시됐다. 김포공항으로 개선한 원정대는 신촌~서소문~창경궁으로 이어진 카퍼레이드를 펼쳤다. 그 장면을 보며 '나도 산사람이 되겠다'고 다짐한 소년이 있었으니 훗날 한

국인 최초로 히말라야 14좌를 완등한 고(故) 박영석이다.

체육훈장 청룡장을 받은 고상돈은 고향 제주, 청춘 시절을 보낸 청주에서도 카퍼레이드 환영을 받았다. 원정대의 사진과 장비를 전시한 순회 사진전도 전국에서 수백만 명이 관람했다.

에베레스트 정상에 오른 뒤 박정희 대통령으로부터 체육훈장 청룡장을 받는 고상돈. [사진 고상돈기념사업회]

1978년 4월 17일 고상돈은 이희수 양과 청주에서 결혼식을 올렸다. 76년 겨울, 대전에서 의상실을 운영하던 이 씨를 소개받은 고상돈은 첫눈에 마음이 끌렸다. 에베레스트 원정을 앞두고는 목도리를 만들어 줄 수 없느냐고 부탁했다. 고상돈은 등정 내내 그 목도리를 갖고 있었고, 정상에 오르던 날도 목도리를 배낭에 챙겼다.

1978년 여름, 미국 순회 사진전을 다녀오면서 고상돈은 매킨리(6194m) 원정을 준비하고 있었다. 고상돈은 고향 친구인 박훈규에게 같이 가자고 제안했다. 박훈규는 1976년 2월 설악산 훈련 중 눈사태 당시 제일 먼저 눈을 뚫고 나와 대원 2명을 구조한 산악인이다. 그는 77 에베레스트 등반대에 선발됐으나 노모(老母)의 결사반대에 부닥쳐 꿈을 접어야 했다.

1979년 5월 29일, 매킨리 원정대 A조(고상돈·박훈규·이일교)는 마지막 캠프(5029m)까지 진출한 뒤 다음 날 정상 공격을 하기로 했다. 그런데 오후 4시 40분 B조로 무전이 왔다. "11시에 캠프에 도착했는데 기상이 좋고 시간이 충분할 것 같아 계속 전진하고 있다. 앞으로 1시간이면 등정이 가능할 것 같다"는 내용이었다. 저녁 7시 15분 고상돈 대장에게서 무전이 왔다. "여기는 정상이다. 바람이 너무 세고 추워서 말이 잘 나오지 않는다. 사진을 찍고 하산하겠다. 지원해준 여러분에게 감사한다." 고상돈의 마지막 말이었다.

훗날 사람들은 "이틀에 걸쳐 오르기로 한 거리를 14시간 이상 걸어갔다. 강풍이 부는데 왜 무리하게 정상 공격에 나섰는지 이해할 수 없다"고 입을 모았다. 그 답은 고상돈만이 알 것이다. 당시 3개 팀이 정상을 놓고 앞서거니 뒤서거니 했다고 한다.

한국인 최초로 매킨리에 오른 세 사람은 자일로 서로를 묶고 하산하던 중 눈사태를 만났다. 매킨리를 취재하던 한 기자가 망원경으로 이 장면을 봤다. 정상 부근에서 세 물체가 붙었다 떨어졌다 하며 800m 이상 추락해 해발 5000m 설벽에 떨어졌다는 거다. 구조대가 도착했을 때 고상돈은 사망, 이일교는 중태, 박훈규는 심한 동상 증세를 보이고 있었다. 이일교는 숨졌고 목숨을 건진 박훈규는 손가락 8개를 잘라야 했다.

'일본판 고상돈' 우에무라, 전국에 기념관

2019년 5월 29일 한라산 1100고지 고상돈 기념비 앞에서 '산악인 고상돈 40주기 추모제'가 열렸다. 이희수 여사가 봉분에 술을 뿌렸다. 40년 전 그날, 이 여사는 딸 현정 씨를 배 속에 품고 있었다. 유해는 경기도 광주 한남공원묘지에 안장됐으나 제주 출신 인사들이 "제주에서 나고 한라산에서 꿈을 키운 고상돈은 당연히 제주에 묻혀야 한다"며 모금을 해 1980년 지금 위치로 이장했다.

박훈규 전 고상돈기념사업회 이사장을 만났다. 그는 2004년부터 2018년까지 기념사업회를 이끌었다. 1100도로 중 18km를 '고상돈로'로 지정하고 매년 2000여 명이 참가하는 고상돈 걷기대회도 개최했다. 박

전 이사장은 "어렵고 배고팠던 시절 '할 수 있다'는 믿음을 국민에게 준 게 고상돈"이라고 했다.

    이들의 마지막 소망은 고상돈 기념관을 짓는 것이다. 우에무라 나오미(1941~1984)는 일본인 최초로 에베레스트를 등정했고 매킨리에서 실종됐다. 그의 고향인 효고현과 도쿄에는 우에무라 나오미 모험관이 있고 홋카이도에도 그의 이름을 딴 야외 학교가 청소년에게 모험 정신을 일깨우고 있다.

안나푸르나의 별이 된 산악 그랜드슬래머
박영석
(1963~2011)

"지금 상황은 어떤가? 어디쯤인가?"

"야, 이거 강행하지 않고 철수하길 잘했다. 다 죽일 뻔했다. 그런데 좌우로 눈사태가 심하다. 저걸 어떻게 건너지…."

무전기를 통해 베이스캠프에 전해진 '저걸 어떻게 건너지'가 세상에 남긴 박영석의 마지막 말이었다.

박영석은 히말라야산맥 안나푸르나의 별이 돼 있다. 세계 최초로 산악 그랜드슬램을 달성한 탐험가 박영석은 2011년 10월 18일, 안나푸르나 남벽 등정 도중 신동민, 강기석 대원과 함께 실종됐다. 헬기가 떠서 정밀 수색을 했지만 등정에 쓴 로프만 발견했다. 시신 없는 합동영결식이 11월 3일 열렸다.

박영석이 달성한 산악 그랜드슬램(2005년)은 기네스북에 등재됐다. 히말라야 8000m급 14좌, 3대 극점(남극, 북극, 에베레스트), 세계 7대륙 최고봉을 모두 오른 자에게 주는 최상의 영예다. 박영석의 도전은 끝날 줄 몰랐다. 정상에 오르는 게 목표인 등정주의에서 벗어나 새 루트를 개척하는 등로주의로 방향을 바꿨다. 세계 3대 난코스(에베레스트 남서벽, 안나푸르나 남벽, 로체 남벽)에 코리안 루트를 내는 목표를 향해 진군하던 박영석은 '풍요의 여신' 안나푸르나의 품에 안겼다.

박영석이 오래 살았던 서울 마포구 상암동. 한강을 바라보는 노을공원 입구에 박영석산악문화센터가 있다. 그곳에서 '박영석의 첫사랑' 홍경희 씨를 만났다. 박영석을 보듬고 지켜온 사람, 그의 개척정신이 오래오래 기억되어야 한다고 믿는 사람이다.

사고 당한 셰르파 가족 돕는 데 앞장

요즘은 어떻게 지내시는지요.

"파주 '신세계첼시아울렛'에 있는 노스페이스 매장을 운영하고요, 애들이 있는 뉴질랜드에는 1년에 한 번 정도 갑니다. 오히려 네팔을 더 자주 가죠. 박 대장과 함께 등반하다 사고를 당한 셰르파 가족을 찾아내 돕고 있어요. 전에는 나보다 잘사는 사람이 부럽고, 그런 생각 하면 힘들고 그랬거든요. 사고 후에는 내 주위에 좋은 사람이 정말 많고 내가 행복한 사람이라는 깨달음을 얻었어요. 있는 돈 탈탈 털어서 주고 오면 새 희망과 에너지를 얻어요."

상암동에 짓고 있는 박영석산악문화센터는 어떻게 되고 있나요.

"외관은 다 만들어졌는데 예산이 없어서 지난 6월 이후 공사가 중단된 상태입니다. 문체부와 마포구에서 지원받은 60억 원은 건물 짓는 데 몽땅 들어갔고요. 내부 인테리어와 각종 체험 공간 공사비는 박영석탐험문화재단에서 모금을 해 충당하기로 했는데 잘 안 되고 있어요. 여기까지 힘들게 왔는데 어떻게든 마무리를 해야죠."

이 일에 앞장서게 된 계기는요.

"네팔에 가서 놀란 게 그분들이 박 대장을 더 영웅으로 추모하고 기념탑도 만들고 하더라고요. 우리는 석 달 정도 지나니까 서서히 잊히기 시작하대요. 이건 아니다 싶었어요. 시부모님 모시고 아이 둘 키우며 살림만 한 주부가 어디서 그런 용기가 생겼는지 모르겠어요. 마포구청장과 지역구 정청래 의원을 만나 '제가 아내라서 하는 말이 아니라 탐험가로서 박영석이 세운 기록은 너무나 대단합니다. 뉴질랜드는 에베레스트를 처음 등반한 힐러리 경을 지폐(5달러)에도 넣는데, 마포에서 오래 산 박영석을 기리는 기념탑 하나는 있어야 하는 것 아닌가요'라고 하소연했죠. 그게 산악문화센터로까지 발전할 줄은 생각지도 못했어요."

큰아들 성우는 골프 선수 출신이라면서요.

"리디아 고의 선배고, 뉴질랜드에선 꽤 유망주였어요. 안타까운 건 아빠가 사고를 당한 뒤에 골프채를 놓아야 했다는 겁니다. 사람들의 시선과 부담 때문에 골프채가 덜덜 떨렸대요. 뉴질랜드 시민권이 있어서 군대 안 가도 되는데 고민 끝에 군을 갔다 왔어요. 둘째 성민이는 얼굴이 동글동글해 아빠를 많이 닮았어요. '텐트에서 막 나온 박영석'이라고 합니다. 하하."

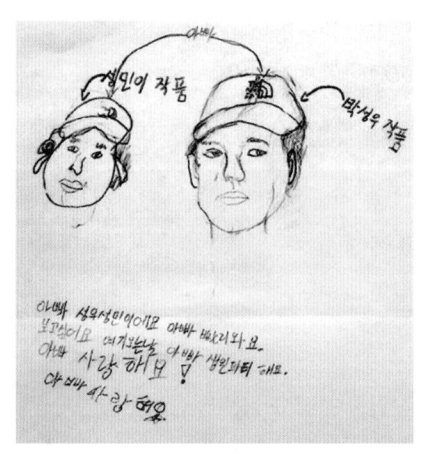

멀고 위험한 원정을 떠난 아빠를 기다리며 만든 박영석 대장 아들들의 카드. [사진 국립산악박물관]

아이들에게 박영석은 어떤 아빠였나요.

"남편으로선 빵점도 안 되는 마이너스지만 애들한테는 최고의 아빠였죠. 함께 산 시간은 길지 않지만 좋은 추억이 정말 많았고, 그게 애들이 비뚤어지지 않고 성장할 수 있었던 힘이 됐어요. 애들한테 아빠는 항상 대장이고, 큰일을 하는 사람이었죠. 함께 있을 때만큼은 애들과 온전히 시간을 보냈습니다. 원정 끝나고 돌아올 때 우리가 마중을 나간 적이 많아요. 온 가족이 진한 여행을 하는 거죠."

박 대장의 원정수첩을 보면 '경희야 성우야 보고 싶다' 같은 닭살 멘트가 많던데요.

"상암동 저희 집은 상암장여관이자 상암식당이었어요. 산악부 선후배들이 끊일 날이 없었죠. '성우 엄마는 영원한 산악인의 형수님'이라고 했어요. 시집살이도 좀 힘들었죠. 박 대장은 그걸 아니까 어떻게든 제게 마음을 표현하려고 했던 것 같아요. 함께한 좋은 추억이 늘 가슴에 살아 있어 '아빠는 지금도 긴 원정을 하고 있구나' 싶어요."

중3 때 만나 10년 사건 동갑내기 커플

사고 전에 뭔가 낌새가 있었나요.

"우리 집이 공항과 가까워 해외 원정 전날에는 늘 북적대고 새벽까지 술자리가 이어졌지만 아침밥을 먹고 떠난 적은 한 번도 없거든요. 근데 그때는 출발 전날 아빠가 '김치찜에다 된장찌개도 끓여서 저녁을 준비하라'고 전화를 했어요. 식구들끼리 저녁을 맛있게 먹고 세상 행복한 표정으로 쓰러져 자더라고요. 아침에도 밥상을 차리라고 하고, 후배 밥이 부족하다며 '왜 이리 밥을 적게 했냐'고 화를 냈어요. 사고 전전날이 음력 생일이어서 후발대 편에 생일상을 푸짐하게 차려 보냈죠. 집 밥까지 잘 먹고 가 놓고 안 들어오네요. 그 뒤로 우리 애들이 먼

여행 간다고 하면 절대 집 밥 안 차려줘요."

가장 기억나는 박 대장의 모습은요.

"엄청 장난 잘 치고, 순수한 개구쟁이였어요. 우리는 중학교 졸업할 무렵 설악산에서 만나서 10년 사귄 동갑내기 커플입니다. 사고 뒤에 성우 아빠가 두 번 (꿈에) 찾아왔어요. 두 번 다 너무나 앳되고 환한 모습이었어요."

박영석 대장이 어떤 사람으로 기억됐으면 좋겠는지 물었다. 홍경희 씨는 "도전정신"이라고 말했다. "성우 아빠 말 중에서 '1%의 가능성만 있어도 꿈을 꿔야 한다'는 게 가슴에 와 닿아요. 기념관을 추진하면서 그 말이 더

히말라야 14좌 완등을 놓고 경쟁하고 격려했던 박영석 대장(왼쪽)과 엄홍길 대장.

새겨집니다. 제 꿈은 박영석기념관 건립, 박영석의 정신과 업적이 교과서에 실리는 것, 대한민국 지폐에 박영석이 담기는 겁니다. 꿈으로 끝날지언정 포기하지는 않을 겁니다."

조신하고 순종적이던 '박영석의 사람'은 단단하고 강해져 있었다. 그러나 때때로 눈가에 감돌던 물기까지 감출 수는 없었다.

*박영석 산악문화센터는 그 뒤 여러 뜻있는 분들의 도움으로 완공됐다. 공식 명칭은 '서울특별시 산악문화체험센터'다.

한 번 간 곳은 두 번 안 가, 의지의 등반가
고미영
(1967~2009)

　고미영은 한국 여성 산악인을 대표하는 인물이다. 세계 정상급 스포츠 클라이밍 선수였던 그는 30대 후반의 늦은 나이에 고산 등반 도전에 나섰다.
　한 살 아래인 오은선 대장과 '여성 최초 히말라야 8000m급 14좌 완등' 경쟁을 벌이던 고미영은 2009년 7월 11일 낭가파르밧(8125m)에 올라 11번째 등정에 성공한 뒤 하산길에 사고로 유명을 달리했다.
　이후 고미영(코오롱스포츠)과 오은선(블랙야크)이 14좌 최초 등정 기록 경쟁의 희생양이 됐다는 비판이 일었다. 두 사람은 1년에 8000m급 3~4개를 오르는 무리한 일정을 강행했다. 결국 고미영은 2009년 마칼루(5월 1일), 칸첸중가(5월 18일), 다울라기리(6월 8일)를 오른 뒤 낭가파르밧까지 도전했다가 비극을 맞았다. 오은선도 14좌를 모두 올랐으나 '칸첸중가 정상에는 오르지 않았다'는 대한산악연맹의 청문회 발표로 인해 상처를 입었다.

에베레스트서 "매니저 맡아 달라" 간청

고미영은 11개 봉우리 중 10개를 김재수 대장과 함께 올랐다. 히말라야 14좌 완등자이기도 한 김 대장은 고미영을 누구보다 잘 알고, 또 사랑한 산악인이다. 경남 김해에 살고 있는 김 대장을 만났다. 그는 코오롱등산학교 히말라야등반과정 대표강사를 맡고 있다.

고미영을 고산 등반 세계로 이끈 김재수 대장이 가셔브룸 1봉 정상에 고미영의 사진을 올려놨다. [사진 코오롱스포츠]

고미영 대장을 처음 만난 게 언제였나요.

"2007년에 제가 김해에 있는 선후배 중심으로 에베레스트 원정대를 꾸렸어요. 원정 직전에 코오롱스포츠에서 연락이 와서 고미영 씨 합류를 부탁했죠. 고미영 씨는 스포츠 클라이머로서는 유명했지만 고산 등반 경험은 별로 없었죠. 원정대 20명을 3개 조로 나눴는데 여성 3명이 포함된 저희 조는 전원 정상에 올랐어요. 그때 고미영 씨가 '제가 14좌 완등을 하려는데 매니저를 맡아 달라'고 간청을 하더라고요."

그래서 어떻게 됐습니까.

"나는 나이(당시 47세)도 많고, 60세 정도까지 천천히 14좌 완등을 할 계획이니 다른 사람을 찾아보라고 했는데, 끝까지 '대장님밖에 없습니다'고 떼를 쓰기에 '그럼 브로드피크(8051m) 한 번만 같이 가주겠다'고 승낙했는데 결국 10개 봉우리를 함께 올랐습니다. 제가 전체적인 등반 계획과 전략을 짜고 함께 오르면서 사진과 영상도 찍었죠."

처음 만났을 때 느낌이 어땠나요.

"별 관심이 없었어요(웃음). 에베레스트 등반 후에 사진을 보니까 미영 씨가 항상 내 옆이나 앞에 있더라고요. 나중에 물어보니 '매니저 부탁을 위해 의도적으로 옆에 있었다'고 하더라고요. 사실 미영 씨가 고산 등반가로서 체력이나 기술이 뛰어난 편은 아닙니다. 하지만 의지력 하나만큼은 최고였어요. '같은 산에 두 번 오지는 않겠다. 이번에 실패하면 끝이다'는 각오로 산에 올랐고, 실제로 모든 원정을 한 번에 끝냈어요. 저는 '평소에도 납덩이가 달린 신발을 신고 걷는 훈련을 하라'고 시켰어요."

야단도 많이 쳤다면서요.

"평소에는 '고미영 씨'라 부르면서 경어를 썼지만 긴박한 상황에서는 그렇게 할 수 없었죠. 특히 등반을 마치고 하산할 때는 위험 구간을 빨리 벗어나서 쉬어야 하는데 힘들다고 주저앉아 있으면 눈물이 쏙 빠지도록 혼을 냈어요."

고미영 씨의 인간적인 매력은.

"주위 사람들에겐 덜렁덜렁하고 남성적인 성격처럼 보일 수 있었지만 내면은 천생 여자입니다. 늦게 스포츠 클라이밍을 시작해 무척 힘들었다면서 눈물을 보인 적도 있었죠. 남한테 베푸는 데 주저함이 없었어요. 8000m급 등반을 성공하고 오면 회사에서 인센티브가 나왔는데 절반을 뚝 잘라서 저를 주면서 '대장님이 다 하시고 저는 따라만 갔는데 저만 스포트라이트를 받는 것 같아요'라면서 미안해했죠."

실제로 그랬다면 8000m급 등정의 의미가 퇴색되는 것 아닌가요.

"그럴 수도 있겠죠. 하지만 8000m 산은 앞에서 가든 뒤따라가든, 일을 하든 안 하든 힘든 건 똑같습니다. 업고 갈 수는 없으니 본인이 견뎌야 할 고통의 무게는 크게 차이 나지 않는다는 겁니다."

오은선 대장과의 경쟁 때문에 1년에 4개 고봉을 오르는 등 무리한 등반을 했고 그게 사고로 이어졌다는 시각도 있습니다.

"오은선 쪽 일정과 상관없이 우리는 계획대로 진행하고 있었습니다. 사실 헬기를 타고 베이스캠프까지 들어간다는 자체는 좀 반칙성이 있었죠. 그런데 보통 3개월 정도 걸리는 고소 적응을 하고 나면 조금씩 쉬었다가 계속 정상 도전을 할 수 있거든요. 이걸 한 해에 한 개씩만 한다면 경비와 시간 손실이 엄청납니다. 후원사에서 연봉을 받는 우리 입장에서는 1년에 한 번 원정을 하면서 1년 치 급여를 받는 게 부담스러웠죠. 그리고 고미영 씨는 짧은 시간에 정상에 올랐기 때문에 체력 소모를 최소화할 수 있었습니다."

여성 최초 8000m급 14좌 완등을 놓고 경쟁하고 격려했던 고미영(왼쪽)과 오은선.

김 대장은 "내 계획에 고미영 씨가 잘 따라줬을 뿐인데, 사실 그 일정이 무리라면 무리일 수도 있다. 히말라야 고산 등반은 봄·여름·가을에 한 차례씩 세 번 정도가 적정하다"고 했다.

사고 당시 상황은 어땠습니까.

"밤늦게 정상에 도착한 뒤 내려오는데 폭풍설이 몰아쳐 무척 힘들었어요. 그래도 해가 뜰 무렵 캠프4에 도착했고, 고미영 씨는 좀 쉬었다가 윤치원이라는 친구와 함께 내려왔죠. 저는 먼저 캠프2에 도착해 대원들이 마실 물을 끓이고 있었어요. 육안으로도 내려오는 게 보였는데 갑자기 외국 팀 한 명이 '네 친구가 떨어졌다'고 하는 겁니다. 놀라서 뛰어 올라가 보니 이미 2000m 아래 절벽으로 추락한 상태였습니다."

2000m 절벽 추락, 헬기로 시신 찾아

왜 추락했을까요.

"로프를 잡고 내려왔는데 그 지점의 몇m에는 로프가 눈에 묻혀 있었어요. 윤치원이 발 디딜 곳을 만든 뒤 아래 로프에 몸을 묶고 기다리고 있었죠. 고미영이 내려오다가 등산화 양쪽 크램폰(아이젠)끼리 엉키면서 발을 헛디뎌 추락하게 된 겁니다. 윤치원이 옷자락을 잡았지만 뜯겨나가 버렸어요. 이튿날 헬기 두 대를 띄워 시신을 찾아냈고, 천신만고 끝에 국내로 유해를 송환할 수 있었죠."

지친 고미영을 두고 왜 먼저 내려갔냐는 비난도 받으셨죠.

"그건 고산 등반을 모르고 하는 말입니다. 로프가 깔려 있는 하산길에는 선배가 먼저 내려가면서 로프의 안전을 확인한 뒤에 대원들을 내려오게 합니다. 정작 아쉬운 건 체력이 좀 남아 있던 제가 고미영의 짐을 지고 내려오거나 아예 버리고 왔으면 어땠을까 하는 겁니다. 장비야 다시 사면 되잖아요. 당시 제가 사업을 하고 있어서 생활에 좀 여유가 있었거든요."

히말라야 고산 등반에 대한 인식이 많이 바뀌었죠.

"한국 사회에선 특히 그렇죠. 이제 누가 8000m급 올랐다고 해서 크게 눈길을 주지도 않잖아요. 스포츠 클라이밍이 올림픽 정식 종목으로 채택되면서 무게 중심이 그쪽으로 쏠리는 것도 사실입니다. 하지만 아직도 8000m 고산 정상에 오르는 걸 버킷리스트로 삼고 있는 사람들도 많습니다. 명예나 보상이 없어도 자신의 만족과 성취감을 위해 도전하는 건 좋은 현상이라고 봅니다."

그런 버킷리스트를 갖고 있는 분들에게 해주고 싶은 말은.

"그런 꿈을 갖고 열심히 일해서 돈 모으고, 충분한 시간을 갖고 준비하되 처음부터 너무 욕심내지 말고 차근차근 도전하길 바랍니다. 히말라야에 오르려면 체력·돈·시간의 3박자가 갖춰져야 하는데 이걸 동시에 구비하기가 쉽지 않죠. 그 타이밍을 잘 잡아야 소원을 이룰 수 있을 겁니다."

인터뷰를 마치며 고미영이 어떤 사람으로 기억되기를 바라는지 물었다. 김재수 대장이 대답했다. "자신에게 엄격하고 남에게 관대한 사람이었습니다. 주어진 삶에 매 순간 충실했던 사람으로 기억되면 좋겠습니다."

"3년간 죽을 고비 함께 넘긴, 연인보다 더 가까운 사이"

김재수 대장은 산악인 고미영의 영원한 멘토이자 동반자였다. 두 사람이 연인 사이였다는 소문도 산악계에서는 파다했다. '故고미영-김재수 대장 14좌 완등 뒤 결혼 계획'이라는 제목의 신문 기사도 나왔다. 실제로 김 대장은 고미영 씨가 오르지 못한 세 개 봉우리를 차례로 오른 뒤 그의 사진을 정상에 심어놓고 내려왔다.
'연인설'에 대해 김 대장에게 물었다. 그는 희미하게 웃으며 말했다. "40대 남녀가 3년간 죽을 고비를 넘기면서 함께 지냈어요. 연인이었냐고 묻는다면 연인보다 더 가까운 사이였다고 대답할 수 있습니다. 14좌 완등을 마쳤다면 어떻게 됐을지 모르죠."
그렇지만 김 대장은 두 사람의 관계를 지나치게 자극적으로 보도한 언론사 기자와는 날카로운 설전을 벌이기도 했다. 그는 "히말라야 베이스캠프는 할 일이 아무것도 없는 곳입니다. 거기서 함께 차 마시고 대화하다 보면 속마음도 꺼내놓을 수 있는 거죠. 그렇다고 삼류 소설 같은 스토리를 만들어내는 건 곤란합니다"고 말했다.

무산소로 신 루트 개척한 '영원한 산꾼'
김창호
(1969~2018)

'집에서 집으로.'

아시아 최초로 히말라야 8000m급 14좌를 무산소로 등정한 김창호 대장의 모토였다. 고산 등반의 성공은 집에서 출발해 목표를 달성한 뒤 가족이 기다리는 집으로 무사히 돌아오는 것까지라는 뜻이다.

김 대장은 '1%의 가능성만 있어도 밀어붙인다'는 식의 등정을 싫어했다. 2016년 중앙SUNDAY 인터뷰에서 그는 이렇게 말했다. "원정을 앞두고는 눈사태나 낙석, 식량 고갈, 동료의 부상 등 모든 부정적인 상황에 대한 대책을 마련해야 한다. 어떤 극한 상황이 닥치더라도 이를 극복하고 잘 돌아올 수 있다는 확신이 들 때 출발해야 한다. 베이스캠프까지 날아가서 정상을 바라볼 때 느낌이 딱 온다. 안 되겠구나 싶으면 미련 없이 돌아서야 한다."

무장 탈레반에 잡혀 총살 위기 맞기도

그랬던 김창호 대장이 2018년 네팔 구르자히말 원정에서 사고로 숨지자 산악계는 충격에 빠졌다. 김 대장이 이끈 '2018 코리안웨이 구르자히말 원정대' 전원이 희생된 이 사고는 네팔 현지인들도 "믿을 수 없다"고 고개를 저을 만큼 예외적이고 미스터리한 참사였다.

2018년 10월 12일 원정대는 구르자히말(7193m)에 신 루트를 개척하기 위해 3500m 지점에 베이스캠프를 치고 정상 등정을 준비하고 있었다. 김 대장과 유영직(장비 담당), 이재훈(식량·의료 담당), 임일진(다큐 영화 감독) 대원, 현지에 격려차 합류한 정준모 한국산악회 이사가 모여 있던 베이스캠프에 그날 밤 엄청난 돌풍이 몰아쳤다. 이들은 텐트에서 수백m 떨어진 곳에서 발견됐다. 네팔인 현지 가이드 4명도 함께 희생됐다.

다행히 시신이 수습돼 한국으로 이송됐고, 19일 합동영결식이 열렸다. 김 대장은 2011년 작고한 고(故) 박영석, 김형일 대장과 더불어 알파인 스타일을 고수한 산꾼이었다. 알파인 스타일이란 셰르파(히말라야 고산 가이드)의 도움 없이 베이스캠프에서 정상까지 단번에 치고 가는 방식이다.

김창호 대장은 '문무를 겸비한 산악인'으로 통했다. 해병대 시절 3분 30초 잠수 기록을 세울 정도로 체력과 심폐 기능이 좋았고, 고산 등반에 관한 한 전 세계에서 가장 많은 정보를 보유한 산악인으로 꼽혔다.

김 대장의 결혼식 주례를 맡았던 이인정 아시아산악연맹 회장은 "창호는 호기심과 학구열이 높고, 당당하면서도 겸손한 사람이었다. 처음 가보는 산에 들어가기 전에는 꼭 마을 촌장을 찾아뵙고 '들어가도 되겠습니까'라고 인사를 하는 친구였다"고 회고했다.

김 대장은 2013년 아시아 최초 8000m 14좌 무산소 완등으로 '산악영웅'의 길을 갈 수 있었다. 하지만 '코리안 웨이'라는 자신만의 길을 택했다. 산의 높이에 집착하지 않고 알파인 스타일로 '남이 가지 않은 길'을 개척했다. 바로 신 루트 등반이었다. 2016년 강가푸르나(7455m) 남벽에 이어 2017년 인도 다람수라(6446m)·팝수라(6451m) 남벽에 신 루트를 냈다.

경기도 양주시 가래비빙벽장에서 훈련 중인 김창호 대장.
[사진 주민욱]

그는 히말라야가 좋아 그곳에서 5년을 살았다. 홀로 2년 동안 파키스탄 카라코람 빙하를 탐사하며 히든 크레바스(보이지 않는 빙하 속 틈)에 빠지지 않기 위해 긴 장대를 양손에 쥐고 걸었다고 한다. 히말라야에서 무장 탈레반에게 잡혀 죽을 뻔한 적도 있다. 그는 "세 명이 권총을 겨냥했는데, 난 누가 내 머리에 총을 쏠 건지 알았다. 그놈의 총구와 눈만 보이더라. 결국 그놈이 내 머리를 향해 총을 쐈다. 본능이란 게 이렇게 무서운 거다"고 회고했다. 다행히 총알이 빗나가 그는 목숨을 건졌다.

당시 사고 상황을 되짚어보자. 현지에서 사고를 수습한 최홍건 전 한국산악회 회장은 "텐트는 베이스캠프에서 1km 떨어진 지점의 나무에 걸려 있었고, 시신과 유품은 캠프에서 수백m에 걸쳐 흩어져 있었다. 하지만 산사태나 눈사태의 흔적이 없었기 때문에 사고 원인을 바람이라고 추정할 수밖에 없는 상황"이라고 말했다.

베테랑 산악인들은 "눈사태나 산사태로 인한 후폭풍이 베이스캠프를 덮쳤을 수 있다"고 말했다. 2010년 안나푸르나 등반 중 베이스캠프에서 눈사태로 인한 후폭풍을 경험한 김재수 대장은 "무중력 상태처럼 몸이 붕 떴다 가라앉기를 반복하며 통통 튕겨져 나간다. 당시에 70m를 날아갔다"고 증언했다.

2019년 유족들과 함께 현지에 위령탑을 세우고 온 김영주 중앙일보

기자는 당시 시신을 수습했던 현지 가이드를 취재했다. 여러 정황을 종합해 보면 그 지역에서 자주 발생하는 지진에 의해 산사태가 일어났고, 그로 인해 발생한 초강력 후폭풍이 베이스캠프를 덮쳤을 가능성이 매우 크다고 한다.

'김창호 정신' 기리는 기념사업회 태동

김 대장과 친형제 못지않은 정을 나눴던 서기석 유라시아트랙 대표는 그를 '탁월한 산꾼'으로 기억했다. "창호는 산에 대해 접근하는 것 자체가 다층적이고 창의적이었다. 등정하려는 산과 주변 지형에 대한 꼼꼼한 조사는 기본이고, 산과 그 동네 이름에 얽힌 스토리, 그 지역에 자생하는 야생화에 대해서도 공부할 정도였다." 서 대표는 '김창호 정신'을 기리기 위한 기념사업회 발족을 준비하고 있다.

「월간 산」 편집장 출신인 한필석 씨는 김 대장을 구르자히말로 보낼 때 느낌이 너무 안 좋아 "늦장가 가서 본 딸내미가 얼마나 귀하냐. 그러니 머리카락 하나 다치지 말고 귀국하라"고 신신당부했다고 한다.

한 씨는 "김 대장은 발이 빠르고 힘도 장사였다. 빙하를 탐사할 땐 40㎏이 넘는 배낭을 하루 종일 메고 다녔는데 카메라 장비 무게만 10㎏에 달했다. 꼼꼼하게 사진 찍고, 기록하고, 외국 자료도 누구보다 열심히 챙겼다. 김 대장은 등반을 인문학적으로 접

김창호 원정대의 사고 1주기를 맞아 구르자히말 현장에 세운 위령탑. [사진 김영주]

근하고, 이를 글로 풀어낼 줄도 아는 사람이었다"며 그를 '도전 정신과 심미안을 겸비한 산악인'으로 기억했다.

히말라야 8000m급 거봉을 트레킹하듯 다녀오는 세상이다. 그렇다면 목숨을 걸고 고산에 오르고 새 루트를 내는 게 어떤 의미가 있을까. 김 대장의 생전 육성에 힌트가 있을 듯싶다.

"이제 고산 등반은 기록에 큰 의미를 두지 않는다. 내가 어떤 루트를 어떤 방식으로 올랐나, 그 과정에서 무엇을 얻었는가가 더 중요하다. 산에 대한 존중과 자기 책임, 그리고 안전이 화두가 되고 있다. 내가 산에 가는 이유는? 다른 어떤 행위에서도 얻을 수 없는, 존재의 충만감을 느끼기 때문이다."

30년 친구 임일진 영상감독, 원정 직전 합류했다가 함께 떠나

김창호 대장과 함께 사고를 당한 임일진(당시 49세·한국외대 산악부 OB) 감독은 클라이머이자 산악 다큐멘터리 제작자였다. 2013년 김 대장과 함께한 에베레스트 원정에서 카메라를 들고 캠프4(8000m)까지 올랐고 캠프 매니저 역할까지 겸했다. 다큐 감독으로선 2008년 「벽」으로 아시아 최초 이탈리아 트렌토국제산악영화제 특별상을 받는 등 두각을 나타냈다.

임 감독은 작품을 통해 산악계의 아픈 곳을 꼬집기도 했다. 2016년 울주산악영화제 개막작으로 선보인 「알피니스트」가 대표적이다. 영화는 정상 등정의 환희 뒤에 숨은 이면을 들춘다. 임 감독의 말이다.

"일부 산악인은 시시때때로 히말라야에 찬사를 보내고 경외를 표하고, 신격화한다. 그러다가 스스로 경외의 대상이 되고 싶어 한다. 대중은 영웅이 된 산악인에 경배를 표한다. 우리 스스로 만든 허상이다."

김 대장과 임 감독은 1988년 서울시립대와 한국외대 산악부 신입생 시절에 처음 만나 전 세계 산을 함께 누빈 30년 지기다. 임 감독은 원래 원정대원에 포함돼 있지 않았지만, '산악 다큐영화 후원'이 들어와서 출발 직전에 합류했다고 한다. 그렇게 두 친구는 한날한시에 히말라야의 품에 안겼다.

스포츠 다큐
죽은 철인의 사회

초판 1쇄 2024년 2월 5일
　 2쇄 2024년 4월 25일

지은이 | 정영재

발행인 | 박장희
대표이사·제작총괄 | 정철근
본부장 | 이정아
편집장 | 조한별
책임편집 | 이상민

기획위원 | 박정호

마케팅 | 김주희, 박화인, 한륜아, 이현지

디자인 | 변바희
본문사진 | 중앙포토

발행처 | 중앙일보에스(주)
주소 | (03909) 서울시 마포구 상암산로 48-6
등록 | 2008년 1월 25일 제 2014-000178호
문의 | jbooks@joongang.co.kr
홈페이지 | jbooks.joins.com
네이버 포스트 | post.naver.com/joongangbooks
인스타그램 | @j__books

ⓒ정영재, 2024

ISBN 978-89-278-8025-7 03690

• 이 책은 저작권법에 따라 보호받는 저작물이므로 무단 전재와 무단 복제를 금하며
　책 내용의 전부 또는 일부를 이용하려면 반드시 저작권자와 중앙일보에스(주)의 서면 동의를 받아야 합니다.

중앙북스는 중앙일보에스(주)의 단행본 출판 브랜드입니다.